Weihnachten spielen und erzählen

W0383664

Kinder begleiten
in Schule, Gemeinde
und Familie

Herausgegeben von
Dietrich Steinwede und Ingrid Ryssel

Graphische Gestaltung:
Doris Westheuser

Gütersloher Verlagshaus

Die Deutsche Bibliothek – CIP-Einheitsaufnahme

Religion – spielen und erzählen :
Kinder begleiten in Schule, Gemeinde und Familie
Graph. Gestaltung: Doris Westheuser. –
Gütersloh : Gütersloher Verl.-Haus.
Bei den Kreativ-Teilen handelt es sich um Erstveröffentlichungen
aus der Kindergottesdienstzeitung »Meine Welt«.
NE: Westheuser, Doris [Ill.]

[H. 1]. Weihnachten – spielen und erzählen /
hrsg. von Dietrich Steinwede und Ingrid Ryssel. – 2. Aufl. – 1997
ISBN 3-579-02245-8
NE: Steinwede, Dietrich [Hrsg.]

ISBN 3-579-02245-8
2. Auflage, 1997
© Gütersloher Verlagshaus, Gütersloh 1995

Das Werk einschließlich aller seiner Teile ist urheberrechtlich geschützt. Jede Verwertung außerhalb der engen Grenzen des Urheberrechtsgesetzes ist ohne Zustimmung des Verlages unzulässig und strafbar. Das gilt insbesondere für Vervielfältigungen, Übersetzungen, Mikroverfilmung und die Einspeicherung und Verarbeitung in elektronischen Systemen.
Umschlaggestaltung: Doris Westheuser, Versmold

Satz und Reproduktionen: Götz, Gütersloh und Weserdruckerei Rolf Oesselmann GmbH, Stolzenau
Druck und Bindung: PPK – Partner für Print und Kommunikation GmbH, Bielefeld
Printed in Germany

Plädoyer für Weihnachten

Beherrscht von Hektik und Kaufzwang, von Gruß- und Geschenkabtausch, verkrustet in Konventionen, von allenfalls vordergründiger Besinnlichkeit, ohne jegliche Liebe, so wird vielfach die Weihnachtszeit, das Weihnachtsfest von heute beschrieben.
Der Mensch sei ein Sklave seiner Konsumorientierung, er unterwerfe sich dem Weihnachtsterror von Handel und Werbung. ›Wieso Weihnachten?‹ lautet von daher gesehen der Titel eines Buches. Und eine Kindergeschichte ist lapidar überschrieben: ›Weihnachten wird abgeschafft‹.
›Friede auf Erden – und den Menschen ein Unbehagen‹. Dies Wort des Satirikers Hanns Dieter Hüsch drückt die Seelenlage vieler, ihre Ratlosigkeit angesichts des Festes und seines Umfeldes aus.
Aber ist Weihnachten wirklich ein ›heruntergekommenes Fest‹? Meine Antwort lautet ›Nein‹! Es gibt Auswüchse, gewiß. Es gibt Vordergründigkeit, Sinnentleerung und rein kommerzielles Denken. Aber kann das die 1700 Jahre alte Feier der Geburt des Weltenretters Christus und was daraus an Traditionen gewachsen ist, zerstören? Nein und abermals nein. Auch wenn sie in Geschäftsauslagen erscheinen, Kerzen, Sterne und Engel bewahren ihre ursprüngliche Symbolik. Der Stern ist immer der von Bethlehem; der Engel der der Verkündigung, sei es an Maria, sei es an die Hirten; das Licht der Kerze ist immer Abglanz der Lichtherrlichkeit Gottes über den Feldern der Davidsstadt.
Und all das, was seit dem 4. Jahrhundert, in dem erstmals das Christfest gefeiert wurde, nicht zuletzt seit dem 18./19. Jahrhundert bei uns an liebevoll gepflegtem Brauchtum Advent und Weihnachten auch zu einem Feld der Familien- und Volkskultur hat werden lassen, behält seine Gültigkeit: Weihnachtsmärkte und Weihnachtsmärchen, Weihnachtskonzerte und Weihnachtsspiele, das festliche Schmücken und das festliche Mahl, adventliches Backen, Basteln, Singen und Erzählen, der Adventskranz, das Transparent und die Krippe unterm Baum, Wärme, Geborgenheit und Mitmenschlichkeit im Dunkel der Mittwinterzeit, Erwartung und Hoffnung der Kinder, ihre leuchtenden Augen, die freie Spontaneität des Schenkens, aber auch der Weihnachtsweg – und sei es nur einmal im Jahr – zur Christvesper, all das behält bei diesem populärsten, volkstümlichsten Fest der Christenheit seinen verweisenden Charakter.
Und darum ist es sinnvoll und gerechtfertigt, in Kindergarten und Schule, in Familie und Kirchengemeinde – beim Martinsfest im November beginnend – immer wieder neue Anregungen und Anstöße zum vielfältigen Miterleben und Mitfeiern des Geburtsfestes Jesu und der sich darum rankenden neutestamentlichen Geburtslegenden zu vermitteln – sei es mit vorgelesenen oder erzählten Geschichten, sei es mit kreativen Materialien. Dieses Heft will erneut Material bereitstellen, daß Kinder lesen und hören, nachdenken und miteinander sprechen können, daß sie malen und zeichnen, schneiden und kleben für eine Martinslaterne oder für einen Adventskalender oder für eine Krippe, daß sie Weihnachtsrätsel lösen, sich weihnachtliche Worte einprägen oder sich inspirieren lassen, als Sternsinger zum Dreikönigsfest für Kinder der Welt, die in Not sind, zu sammeln.
Das Heft will zurückführen zu Kern und Ursprung. Eine Fülle weihnachtlicher Gestaltungsmöglichkeiten bietet es an. Mögen die Kinder in der Besinnung, aber auch in der Aktivität von Herz, Kopf und Hand die rechte Weihnachtskunst erlernen.

Machen wir es uns noch einmal klar: Verkrustet und überwuchert vom Kommerz, aber es gibt sie weiterhin, die Feier der Geburt des Gotteskindes Jesus. Es gibt die frohe Botschaft vom anbrechenden Frieden Gottes auf Erden. Niemand vermag uns die vertrauten Texte, die Weihnachtsgeschichten des Lukas und des Matthäus, die 2000 Jahre lang ihre Kraft bewahrt haben, zu nehmen. Das Kind, Krippe und Stall, Eltern und Engel, Hirten und Könige, Stern und Gold und Weihrauch und Myrrhe, all das wird auch nach weiteren 2000 Jahren die Menschen noch bewegen. Es gibt ihn und er bleibt, der sanfte Weg nach Betlehem, der Weg des Friedens zum Kind. Was wir dort finden, ist keine Idylle, kein holder Knabe im lockigen Haar.

Aber:

Zu Bethlehem geboren im Stall ein Kindelein,
gibt sich für uns verloren, gelobet muß es sein.

Vorwort

Und darum will sie immer von neuem weitergesagt, umspielt, gestaltet und besungen werden, die einzigartige Botschaft von Gott, der Mensch wurde uns Menschen zugute:

Laßt uns unsern Kindern erzählen,
unsern Enkelkindern sagen,
daß Gott unser Bruder wurde.
Laßt uns vor ihren Augen
die arme Hütte bauen,
in der Gott unser Bruder ward.

Weihnachten spielen und erzählen. Kein vordergründiges Treiben. Vielmehr Aktivität und steter Neuanfang. Die Welt wird auf den Kopf gestellt. Alle Maßstäbe sind verändert (›Die drei Könige und ihre Knechte auf dem Heimweg‹). Ein Lebkuchenstern im Dreck des Schulhofes gefunden, beginnt auf geheimnisvolle Weise für Erdbebenopfer in Anatolien zu leuchten (›Ein Stern geht auf‹). Weihnachten: Nähe zueinander, Nähe zum Gotteskind, Liebe füreinander, Liebe zu Gott. In der Nacht, die durch die Armut der Geburt geheiligt ist, den armen, den fernen Nachbarn nicht vergessen.

Die Botschaft bleibt. Da ist ein Licht – wenn auch manchmal fern. Wir können darauf zugehen.

Dietrich Steinwede

Inhalt

Inhalt: *Bei einem dienstlichen Ausritt in kalter Winternacht sieht der junge Offizier Martin einen frierenden Bettler. Spontan teilt er seinen Umhang mit ihm.*

Anteilnehmen

Nächstenliebe

Teilen

Der Mantel

nach Roland Ross

Der junge Offizier tritt aus dem Gebäude heraus. Oben, auf den Stufen der Treppe, bleibt er stehen. Frost liegt in der Luft. Es ist bereits dunkel in den Straßen von Amiens.
Der Offizier zögert. Drinnen ist das flackernde Licht der Öllampen gewesen. Jetzt muß er seine Augen erst an die Dunkelheit gewöhnen. Es ist keine Freude für ihn, in diese Nacht hinausreiten zu müssen. Erst gegen Mittag ist er von einem dreitägigen Ritt zurückgekehrt. Aber es ist ihm befohlen worden. Und ihm kommt nicht der Gedanke, zu fragen: »Warum gerade ich?« Schließlich ist es auch eine Auszeichnung für ihn, wenn man ihm sagt: »Du bist der einzige, der hier nicht die Nacht mit Trinken verbringt. Du kannst noch am ehesten die wichtige Meldung überbringen.«

Unten im Hof schnauben Pferde. Der junge Offizier, er mag kaum 18 Jahre zählen, lauscht. Er lächelt: Pferde – ja – das ist etwas. Ist er nicht im ungarischen Sabaria geboren? Dort, wo man das Licht der Welt gleich neben dem Pferdesattel erblickt. Mit wenigen Sätzen ist er plötzlich die Stufen hinabgeeilt. Der eiskalte Wind erfaßt seinen weißen Offiziersmantel und bläht ihn auf. Leise klirrend schlägt das Schwert an die Rüstung.
Aus der Dunkelheit lösen sich die Gestalten mehrerer Soldaten. Sie halten Pferde am Zügel. Offensichtlich haben sie auf den Offizier gewartet. Er nickt ihnen zu: »Wir haben eine wichtige Meldung! Sofort aufsitzen!«
»Haben verstanden«, sagt einer leise. »Das wird eine klare Angelegenheit«, meint ein anderer.
Der Offizier nickt: »Du hast recht. Die Nacht wird kalt. Aber dafür habt ihr schließlich eure Umhänge!«
Jemand reicht ihm die Zügel seines Pferdes. Mit einem schnellen Sprung ist er im Sattel. Hart klingen die Hufe auf dem unebenen Pflaster der Stadt Amiens. In scharfem Galopp reitet der junge Offizier voran. Einige späte Fußgänger springen aus dem Weg. Sie haben wenig Lust, mit den Pferden in Berührung zu kommen. Man ist in Amiens zu dieser Zeit gewohnt, daß bei Nacht Reiter durch die Gassen preschen.
Die kleine Gruppe nähert sich dem Stadttor. »He, reiß auf!« ruft der Wachhabende. Man kennt diesen jungen Offizier. Die wuchtigen Torflügel öffnen sich. Und schon stiebt die Gruppe vorbei. Vor dem Tor noch wenige Häuser. Dichtauf folgen die Reiter ihrem Offizier. Da, fast wären sie gestürzt. Im letzten Moment vermögen sie ihre Pferde zu zügeln. Etwas zu hastig hat der junge Offizier sein Pferd angehalten. Er starrt auf eine lumpige Gestalt, die sich in eine Mauernische drückt. Die Soldaten sehen kaum etwas. Der Offizier spricht leise: »Mann, was zittert ihr? Was zittert ihr vor mir, Alter?«
Die Antwort kommt müde.
»Ich zittere nicht, weil ich Angst vor euch habe.«
»Du kennst mich?« fragt der Offizier.
»Wer kennt euch nicht!«
»Dann hör auf zu zittern!«
Das hat ein Unteroffizier gesagt. Er will seinen Herrn unterstützen. Der Alte aber spricht: »Herr, es ist nicht die Angst. Es ist die Kälte!«
Der Offizier runzelt die Stirn. Er dreht sich um zu den Reitern:
»Wer von euch hat etwas zu essen da?«
Die Soldaten blicken sich an. Einer kramt in seiner Manteltasche. Er zieht sein Verpflegungsbrot heraus, bricht ein kleines Stück ab und wirft es dem Bettler hin.
Der Offizier beobachtet ihn: »Warum gibst du nicht die Hälfte?«
Der Soldat schweigt. Ist er dazu bestimmt, Almosen zu verteilen? –
»Er friert. Seht ihr denn nicht?« Immer noch blickt der Offizier die Soldaten an. Sie wissen nicht, was sie antworten sollten. Nervös tänzeln die Pferde auf der Stelle. Plötzlich hat der Offizier seinen Überhang von der

Schulter genommen und ebenso schnell das Schwert gezogen. Man hört in der Dunkelheit das Geräusch reißenden Stoffes.
»Herr!« Einer der Unteroffiziere ruft es: »Herr, es ist kalt in dieser Nacht!«
»Eben deshalb! Soll er denn erfrieren?«
Der Offizier wirft dem Alten die Hälfte seines wärmenden Mantels zu. Die andere Hälfte schlägt er über die Schulter zurück. Schon spürt das Pferd die Sporen. Schon stiebt die Gruppe davon. Aus der Dunkelheit blickt ihnen der Alte nach. Zaghaft läßt er den weißen, für ihn unendlich kostbaren Stoff durch die mageren Finger gleiten. Kann er es fassen, daß ein Offizier seinen Mantel teilte, um einem Bettler die Kälte der Nacht zu ersparen?
Der Offizier aber reitet. Er hat eine Meldung zu überbringen.
Später wird Martin Christ. Er tritt aus der Armee aus. Er läßt sich taufen. Wieder später wählen die Christen von Tours ihn zu ihrem Bischof.
Für die katholischen Christen ist Martin ein heiliger Mann. Der 11. November ist sein Tag, der Martinstag.

Licht

Laterne

Teilen

Schmerz

Inhalt: *Martin ist stolz auf seine selbstgebastelte Laterne. Beim Martinssingen hört er das Weinen eines kleinen Jungen, dessen Laterne verbrannt ist. Martin schenkt dem Jungen seine Laterne. Hinterher tut es ihm leid.*

Das schönste Martinslicht

von Ursula Wölfel

Martin ist sehr stolz auf seine Laterne. Sie ist viereckig und aus roter Pappe geschnitten und geklebt. Die vier Seitenfelder sind aus durchsichtigem gelbem Papier. Darauf sind mit schwarzer Farbe eine Sonne, ein Mond, ein Stern und der heilige Martin auf seinem Pferd gemalt. Und diese Laterne hat Martin selbst gemacht! Anton, Vaters Gehilfe, hat ihm nur die Pappe zugeschnitten, und Ulis Vater hat ihm das Pferd und den Reiter vorgezeichnet. Nun schaukelt die schöne Laterne an einem langen Stock vor Martin her.
Alle Kinder aus der Lindenstraße wollen sich um sechs Uhr abends vor Herrn Bierbachs Laden treffen und dort mit dem Martinssingen anfangen. Sie bekommen jedes Jahr von Herrn Bierbach besonders lekkere Sachen.
Fast alle sind schon da. Da kommen andere Kinder. Sie gehen gleich in Herrn Bierbachs Laden und singen.
»Das sind die aus der Erlenstraße«, sagt Andreas. »Was wollen die denn hier? Herrn Bierbachs Laden gehört zu unserer Straße.«
Die fremden Kinder kommen aus dem Laden und gehen um die Ecke in den Tannenweg.
»Das ist eigentlich auch noch unser Gebiet«, sagt Johannes so laut, daß die anderen es hören müssen, und Martin sagt noch lauter: »Die sind aber frech!«
Jetzt gehen die Kinder aus der Lindenstraße auch zu Herrn Bierbach. Sie geben sich sehr viel Mühe mit dem Singen. Herr Bierbach schenkt ihnen Schokoladenriegel in Silberpapier, und sie sind zufrieden.

Martin ist noch bis zuletzt im Laden geblieben. Herr Bierbach wollte seine Laterne von allen Seiten betrachten. Martin läuft den anderen nach. Sie singen schon nebenan im Hausflur.
Da hört er im Tannenweg jemanden weinen. Ein kleiner Junge hockt an einer Hauswand. Martin kennt ihn nicht.
»Weshalb weinst du denn?« fragt er.
»Meine Laterne!« sagt der Kleine.

»Auf einmal hat sie gebrannt. Eine Frau ist gekommen und hat sie mir aus der Hand gerissen und hat mit den Füßen darauf herumgetrampelt.«
»Das ist aber schade!« sagt Martin.
»Ich habe noch nie mitgehen dürfen, weil ich zu klein war,« sagt der Junge.
»Und heute hat meine Mutti es endlich erlaubt, und jetzt habe ich keine Laterne mehr!«
»Im nächsten Jahr bekommst du eine neue«, sagt Martin.
»Aber ich möchte doch heute so gern mitgehen!«
»Gehörst du zu denen aus der Erlenstraße?« fragt Martin. Der Junge nickt.
»Wie heißt du denn?«
»Thomas heiße ich. Und du?«
»Martin. Und jetzt lauf, sonst holst du die anderen nicht mehr ein. Du kannst auch ohne Laterne mitgehen.«
»Martin?« fragt Thomas. »Heißt du wirklich Martin, wie der Mann, der seinen Mantel verschenkt hat?«
»Ja. Ich heiße wirklich so.«
»Ach!« sagt Thomas und wischt sich die Augen mit den schmutzigen Händen. Martin hebt seine Laterne hoch, seine schöne Laterne, und schwenkt sie hin und her.
»Die ist schön!« sagt Thomas. »So schön war meine nicht. Aber sie war auch schön, ganz bunt.«
»Ich habe sie selbst gemacht«, sagt Martin. »Das war eine Arbeit!« Er dreht die Laterne, er sieht noch einmal die Sonne, den Mond, den Stern und den Reiter an. Und dann gibt er dem Kleinen den Stock in die Hand und sagt: »Da! Ich schenke sie dir.«
»Wirklich?« fragt Thomas. Aber Martin ist schon weggerannt. Er sieht sich nicht mehr um. Er läuft nach Hause und setzt sich an den Küchentisch, legt den Kopf auf die Arme und weint.
»Martin, Junge!« sagt die Mutter.
»Was ist?«
Der Vater und Anton kommen auch dazu, und alle fragen, aber es dauert lange, bis Martin erzählen kann, was geschehen ist.
»Und jetzt tut es dir leid, daß du die schöne Laterne verschenkt hast?« fragt die Mutter.
Martin nickt.
»Dem heiligen Martin hat sein schöner Mantel bestimmt auch leid getan«, sagt Anton.
Und Martin nickt wieder.
»Darum solltest du nicht weinen«, sagt der Vater.

Inhalt: *Jakob lernt, daß das Warten auf Weihnachten schön sein kann.*

Warten

Freude

Zeit

Geburt

Licht

Jakob wartet auf Weihnachten

von Lene Meyer-Skumanz

Die Mutter zündet die erste Kerze auf dem Adventskranz an.
Jakob schaut in den Kerzenschein. Warum kann nicht morgen Weihnachten sein?
»Warum muß man so lange auf das Christkind warten?« fragt er. »Vier große Kerzen lang?«
»Auf etwas Schönes muß man meistens warten«, sagt die Mutter. »Etwas Schönes braucht Zeit zum Wachsen. Zum Beispiel, bis ein Kind geboren wird. Damals haben die Menschen lange Zeit auf die Geburt des Christkinds gewartet. Wann kommt es denn endlich? haben sie gefragt. Auch die Mutter Maria hat viele Monate lang gewartet, bis sie das Jesuskind zur Welt bringen konnte.«
»Hast du auf mich auch so lang warten müssen?« fragt Jakob.
»Ja freilich«, sagt die Mutter. Gott sei Dank! Ich hab ja auch Zeit gebraucht, um alles für Dich vorzubereiten. Ein Bett, Windeln, etw. zum Anziehen, Jäckchen stricken. Und so hatte ich auch lange Zeit, um mich auf Dich zu freuen.
»Dafür war ich dann schön, und du hast dich gefreut«, sagt Jakob.
»Sehr gefreut«, sagt die Mutter.
Jakob schaut wieder in den Kerzenschein.
»Miteinander warten ist nicht so schlimm«, sagt er.

Und denk mal: Wenn morgen schon Weihnachten wäre, was wir dann alles nicht mehr tun könnten: Plätzchen backen, Sterne basteln ...

Wärme

Dunkel/
Helligkeit

Licht Gottes

Inhalt: *Natascha läßt es erst ganz dunkel werden, ehe sie im Familienkreis die Kerze entzündet. Der Vorgang wird durchscheinend für Wärme und Licht bei Gott.*

Das Licht der Kerze

von Rolf Krenzer

Ganz allein darf Natascha die dicke rote Kerze heute abend anzünden. Aber sie wartet, bis es draußen ganz dunkel geworden ist. Und Mutti darf hier im Zimmer nicht das elektrische Licht einschalten. Papa hält noch immer die Streichholzschachtel mit dem einen Streichholz in der Hand. Wenn Natascha es will, dann wird er das Streichholz aufflammen lassen und es ihr reichen. Und Natascha wird dann die dicke Kerze anzünden.

Aber es ist schön, noch im Dunkeln ein bißchen zu warten. Es ist schön, weil Mutti und Papa ganz nah sind. Und Oliver sitzt ganz still neben Mutti und wartet auch. Obwohl es dunkel ist, kann Natascha Muttis und Olivers Kopf noch ein bißchen erkennen.

»So dunkel ist es jetzt auf der Welt!« sagt Papa leise. »So dunkel bleibt es die ganze Nacht, wenn du nicht die Kerze anzündest!«

»Die dicke, rote Adventskerze!« sagt Oliver.

»Wir zünden sie an, weil Gott uns etwas von seinem Licht zeigen will!« sagt Mutti.

»Ist Gott so hell wie die Kerze?« fragt Natascha.

»Noch viel heller«, antwortet Mutti. »Und er macht es ganz warm in der Welt. Dann braucht keiner mehr zu frieren.«

»Wenn es dunkel ist, warten wir auf das Licht«, sagt Papa.

Oliver nickt. »Und Weihnachten brennen alle Kerzen«, meint er.

»Das Licht von Gott ist noch heller«, sagt Mutti. »Noch viel, viel heller!«

Natascha kann ein bißchen die Möbel im Zimmer erkennen. Und manchmal wird es vor dem Fenster ganz plötzlich hell. Das sind die Scheinwerfer der Autos auf der Straße vor dem Haus. »Viel heller als die Scheinwerfer draußen«, meint Natascha. Es ist hier drin so schön, daß Natascha am liebsten den Atem anhalten möchte. Wenn sie nicht atmet, vielleicht bleibt dann die Zeit solange stehen.

»Jetzt zünde endlich die Kerze an!« sagt Oliver.

»Wollen wir?« fragt Papa.

Natascha nickt. Und Papa sieht es, obwohl es dunkel im Zimmer ist.

Das Streichholz flammt auf. Natascha greift ganz vorsichtig danach und hält es dann an den Docht der Kerze. Es dauert ein bißchen, und es wird ganz warm an Nataschas Fingern. Aber dann brennt die Kerze, und sie bläst schnell das Streichholz aus.

»Seht mal, wie Nataschas Augen glänzen!« sagt Oliver.

»Deine auch!« ruft Natascha. »Alle unsere Augen!« Sie sieht Vati und Mutti an.

»Das kommt von der Kerze«, sagt Mutti.

»Von dem Adventslicht!« fügt Papa hinzu.

Mutti summt ganz leise ein Weihnachtslied.

»Das kenne ich doch!« ruft Oliver.

Und Natascha sieht in das helle Licht der Kerze hinein. Es ist hell und warm.

Sie spürt Papas Arm um ihre Schulter und kuschelt sich ganz eng an ihn. »Die Kerze soll heute ganz lang brennen!« sagt sie leise.

Inhalt: *Von Adventssonntag zu Adventssonntag erzählt die Mutter Markus immer etwas mehr über sein Weihnachtsgeschenk. Die Spannung steigt. Die Überraschung ist schließlich groß.*

Warten
Geschenke
Überraschung
Weihnachten
Zeit
Freude
Geduld
Erfüllung

Warten können

von Andreas Kleinschmidt

Weihnachten rückte näher, und wie in jedem Jahr fragte sich Markus, was er diesmal von seinen Eltern geschenkt bekommen würde.
Des öfteren schlich er seiner Mutter nach. Er tat so, als wolle er ihr bei der Arbeit helfen. In Wirklichkeit aber wollte er nur herausbekommen, welches Weihnachtsgeschenk sie für ihn gekauft hatten.
»Glaubst du, ich wüßte nicht, was du mit deiner Fragerei herausbekommen willst«, sagte Mutter schließlich. »Aber bis Weihnachten wirst du dich schon noch gedulden müssen, Markus. Überleg' einmal selber: Wenn ich dir jetzt schon sagte, was du geschenkt bekommst, dann wäre es gar keine Überraschung mehr für dich. Auch das Warten und die Vorfreude gehören zum Weihnachtsfest dazu.« »Aber es dauert noch so lange bis Weihnachten«, stöhnte Markus. »Noch vier Wochen.«
»Ich weiß, was wir tun werden, damit dir das Warten nicht ganz so schwerfällt«, sagte Mutter und lächelte.

Am Sonntag war erster Advent.
Mutter hatte einen Adventskranz aus Tannenzweigen mit vier Kerzen gekauft und ihn auf den Wohnzimmertisch gestellt.
Markus durfte die erste Kerze anzünden.
»Ich werde dir an jedem Adventssonntag etwas über dein Geschenk erzählen«, sagt Mutter.
»So wird dir die Zeit bis Weihnachten nicht ganz so lang. Heute verrate ich dir, daß dein Geschenk eine braune Farbe hat.«

In der nächsten Woche überlegte Markus angestrengt, was Mutter gemeint haben könnte, aber er kam nicht darauf.
Am zweiten Advent durfte er die zweite Kerze am Adventskranz anzünden. Mutter las eine Geschichte vor, und dann verriet sie ihm wieder etwas über sein Geschenk. »Du wirst es sehr lieb haben«, sagte sie.

Aber auch das half Markus nicht sehr viel weiter. Denn es war doch klar, daß die Eltern für ihn ein Geschenk ausgesucht hatten, das ihm gefallen würde.
Als er am dritten Advent die dritte Kerze angezündet hatte, sagte Mutter: »Dein Geschenk kann man nicht nur sehen, sondern auch hören.«
Je mehr die Mutter über sein Weihnachtsgeschenk erzählte, um so spannender wurde es für Markus. Als am vierten Advent alle vier Kerzen am Adventskranz brannten und es bis Weihnachten nur noch wenige Tage waren, erzählte Mutter: »Dein Geschenk, Markus, hat noch gar keinen Namen. Den Namen mußt du ihm selber erst noch geben.«
Ein Geschenk ohne Namen – so sehr Markus darüber nachdachte, er kam nicht darauf, was es sein könnte.
Als er am Heiligen Abend dann endlich in das Wohnzimmer gerufen wurde, lag da ein kleiner Hund, ein Dackel, auf einer Decke unter dem Weihnachtsbaum.
Vor Überraschung und Freude bekam Markus zuerst gar kein Wort heraus.
Er nahm den kleinen Hund auf seine Arme und streichelte ihn.
»Wie wirst du es denn nun nennen – dein Weihnachtsgeschenk ohne Namen?« fragte Vater.
»Ich weiß noch nicht. Das muß ich mir erst noch überlegen«, antwortete Markus.
»Laß dir nur ruhig Zeit«, sagte Mutter.
»Du hast ja jetzt gelernt, daß alles seine Zeit braucht. Vor Weihnachten kommt nun einmal zuerst die Adventszeit: die Zeit des Wartens. Aber um so größer ist am Ende die Freude. Ist es nicht so, Markus?«
Markus nickte und sah stolz und glücklich auf den kleinen Hund in seinen Armen. Er fand, daß es das schönste Weihnachtsgeschenk war, das er je bekommen hatte.

Weihnachten

Krieg

Adoption

Vorurteile

Engel

Botschaft

Inhalt: *Dang aus Vietnam, in Deutschland aufgewachsen, kann trotz Verletzung bei der Weihnachtsaufführung den Verkündigungsengel spielen.*

Der Engel mit dem Gipsarm

von Renate Schupp

Jetzt will ich euch erzählen, wie Dang Fratzer einmal einen Weihnachtsengel spielte.

Dang Fratzer geht in die dritte Klasse zu Frau Timm. Aber er sieht anders aus als die anderen Kinder. Seine richtigen Eltern waren Vietnamesen. Dang ist in Vietnam geboren. Das ist ein ganz fernes Land auf der anderen Seite der Erde.

Als Dang zur Welt kam, wütete dort gerade ein schrecklicher Krieg. Niemals möchte ich einem Kind wünschen, daß es in einem Land zur Welt kommt, in dem gerade Krieg ist. Etwas Schlimmeres kann man sich nicht denken.

Dangs Eltern und alle seine Geschwister und Verwandten wurden von den Soldaten getötet. Nur er allein blieb übrig.

Zum Glück war Dang noch ganz klein und begriff nichts. Jemand brachte ihn in ein Waisenhaus. Und eines Tages fuhr er mit anderen Waisenkindern auf einem Schiff nach Deutschland und kam in in ein Kinderheim hier in unserer Stadt.

Dort sahen ihn Fratzers. Sie hatten ihn gleich so lieb, daß sie ihn mit zu sich nach Hause nahmen und später adoptierten. Fratzers haben keine eigenen Kinder. So ist Dang ihr Kind geworden. Er sagt Papa und Mama zu Herrn und Frau Fratzer und ist ebensogut deutsch wie jedes andere Kind in der Straße.

Von Vietnam und vom Krieg weiß er nichts mehr. Nur nachts hat er manchmal schlimme Träume. Dann schlägt er um sich und schreit. Aber am Morgen hat er alles vergessen und ist wieder vergnügt.

Als Frau Timm nach den Herbstferien anfing, mit der Klasse ein Krippenspiel einzuüben, wollte Dang unbedingt den Verkündigungsengel spielen. Der Verkündigungsengel – das ist der, der den Hirten auf dem Feld die Geburt des Jesuskindes verkündet. Die ganze Klasse lachte, als Dang sich dafür meldete. Und Marion Holzapfel, die unter allen Umständen selber den Engel spielen wollte, rief: »Quatsch! Ein Junge kann doch kein Engel sein!«

»Kann er doch!« antwortete Dang eigensinnig. »Schließlich heißt es *der* Engel!«

Und am anderen Tag kam er an und verkündete: »Mein Papa sagt, in der Bibel sind die Engel überhaupt immer nur Männer und haben Männernamen.«

»Aber sie sehen nicht vietnamesisch aus!« rief Marion. »Sie haben helle blonde Haare und eine liebliche Stimme.«

Das mit der Stimme sagte sie, weil Dang eine rauhe, brummelige Stimme hat.

Aber am nächsten Tag meldete sich Dang wieder und erklärte: »Mein Papa sagt, in den biblischen Geschichten steht gar nichts davon, wie Engel aussehen und was sie für Stimmen haben.«

»Das stimmt«, gab Frau Timm zu. »Da hat dein Papa recht.«

Und um die Sache endlich zu entscheiden, machte sie zwei Loszettel – einen leeren und einen, auf dem »Engel« stand. Sie ließ Dang und Marion ziehen. Und es war Dang, der gewann. Marion zog den leeren Zettel und sollte bei den himmlischen Heerscharen mitsingen, weil sie eine liebliche Stimme hat. Sie war so enttäuscht! Dang aber war der eifrigste Verkündigungsengel, der jemals in der Kirche herumgeschwebt war. Ja, es sah wirklich fast so aus, als ob er schwebte, wenn er in dem weißen Gewand, das seine Mutter ihm genäht hatte, hinter dem Altar hervortrat und mit hochgereckten Armen die himmlische Botschaft verkündigte.

Doch eines Tages kam er zur Probe und hatte den linken Arm in Gips. Stellt euch vor, er hatte heimlich vom Garagendach aus »Fliegen« geübt, weil er dachte, es wäre nützlich für einen Engel, wenn er wenigstens ein ganz klein wenig fliegen könnte. Leider war er bei der Landung so ungeschickt aufgekommen, daß er sich den Arm gebrochen hatte.

Frau Timm hörte sich die Geschichte an und schüttelte bekümmert den Kopf.
»Ich kann mir ja wirklich alle möglichen Arten von Engeln vorstellen«, sagte sie, »Jungen oder Mädchen, schwarz oder weiß oder vietnamesisch. Aber einen Engel mit einem Gipsarm? Wie willst du denn nun die Arme ausbreiten, wenn du den Hirten die Botschaft verkündest?«
Marion Holzapfel kam herbeigestürzt und rief: »Jetzt kann Dang nicht mehr der Engel sein, nicht wahr, er kann kein Engel mehr sein?«
Aber Dang schob sie zur Seite und sagte zu Frau Timm: »Mein Papa sagt, es kommt nicht darauf an, ob ein Engel die Arme ausbreiten kann oder nicht. Es kommt auf die Botschaft an. Und die kann ich sagen!«
Und er riß den Mund auf und ließ die Backenmuskeln spielen, damit jeder sehen konnte, wie gut sein Mund in Ordnung war.
Frau Timm seufzte.
»Na schön,«, sagte sie. »Aber paß gut auf, daß du dir bis zur Aufführung nicht noch einen Zahn herausfällst.«
Das versprach Dang.
So geschah es, daß in diesem Jahr der Verkündigungsengel schwarze struppige Haare hatte, vietnamesisch aussah und den rechten Arm in der Schlinge trug. Die Leute, die am Heiligen Abend in die Kirche kamen und sich das Krippenspiel anschauten, wunderten sich ein wenig darüber. Manche dachten wohl, es sei noch gar nicht der richtige Verkündigungsengel. Aber dann erhob er seine Stimme und sagte: »Fürchtet euch nicht! Siehe, ich verkündige euch große Freude, die allem Volk widerfahren wird; denn euch ist heute der Heiland geboren, welcher ist Christus, der Herr, in der Stadt Davids.«
Da begriffen die Leute, daß alles seine Richtigkeit hatte.

Inhalt: *Hans-Peter gibt einen seiner beiden Teddybären einem indischen Kapitän als Geschenk für einen armen Jungen mit. Ein Jahr später erhält er aus Indien ein liebevolles Gegengeschenk.*

Geschenke

Dritte Welt

Anteilnehmen

Hans-Peters schönstes Weihnachtsgeschenk

von Mira Lobe

Hans-Peter hatte zu Weihnachten zwei genau gleiche Teddybären geschenkt bekommen, einen von der Großmutter und einen von Onkel Fritz.
»Du kannst ja einen umtauschen«, sagte Hans-Peters Mutti.
»Nein!« gab Hans-Peter zur Antwort, »einen werde ich verschenken. Und zwar an einen Jungen, der so alt ist wie ich. An irgendeinen Jungen.«
»Und wie heißt der Junge, wo wohnt er denn?«
»Wie er heißt, weiß ich nicht. Und er wohnt ... er wohnt ... er wohnt in Indien.«
Der Vater lachte: »Wie soll denn der Teddybär nach Indien kommen?«
Hans-Peter dachte nach. Und weil er in Hamburg wohnte, und Hamburg eine Stadt ist, die einen großen Hafen hat mit vielen Schiffen, fiel ihm etwas ein:
»Gibt es nicht Schiffe, die nach Indien fahren?«
»Die gibt es«, sagte der Vater.
»Dann bitten wir einen Kapitän, der nach Indien fährt, er soll den Teddy mitnehmen.«
»Das machen wir«, sagte der Vater, »und pack den Teddy gut ein, denn bis Indien hat er eine weite Reise.«

Weihnachten

Hans-Peter ging mit dem Vater zum Hafen. »Liegt hier ein Schiff, das bald nach Indien fährt?« fragten sie. Ein Matrose zeigte auf einen Dampfer, und so kletterten sie den Laufsteg hoch.
»Guten Tag, Kapitän«, sagte Hans-Peters Vater, als sie den Kapitän gefunden hatten, »mein Junge möchte einem kleinen Jungen in Indien seinen Teddybbären schicken. Können Sie ihn mitnehmen?«
»Den Teddy oder den Jungen?« lachte der Kapitän. Er hatte weiße Zähne im braunen Gesicht.
»Den Teddy natürlich«, sagte Hans-Peters Vater, »den Jungen möchten wir gern behalten.«
Der indische Kapitän sagte, er wolle den Teddy gern mitnehmen. Und dann sagte er, daß er zu Hause in Indien selbst einen kleinen Jungen habe, und ob der den Teddy bekommen könnte.
Hans-Peter überlegte. Dann fragte er: »Ist das dein Schiff?«
»Ja, das ist mein Schiff.«
»Dann bist du reich«, sagte Hans-Peter, »dann kannst du deinem Jungen selbst einen Teddy kaufen. Mein Junge ist nicht reich, der hat keinen Teddy, und er kriegt auch keinen, wenn ich ihm nicht einen schicke.«
»Gut«, sagte der Kapitän, »es gibt genug arme Jungen in Indien.« Er ließ sich Hans-Peters Namen und Adresse sagen, und dann gingen Hans-Peter und sein Vater nach Hause.
Sie dachten, der Junge in Indien würde einen Brief schreiben, daß der Teddy gut angekommen sei. Aber es kam kein Brief. Auch keine Karte. Nichts, gar nichts. Es verging viel Zeit, und Hans-Peter dachte nicht mehr an den Jungen in Indien.

Es wurde wieder Weihnachten. Ein ganzes Jahr war vergangen. Eine Stunde vor der Bescherung klingelte es. Hans-Peter ging und öffnete. Draußen stand der indische Kapitän und brachte ein kleines Paket für Hans-Peter und einen Brief. Den mußte er übersetzen, denn er war indisch geschrieben:
Lieber Hans-Peter!
Ich habe Dein Geschenk bekommen und danke Dir sehr dafür. Ich schicke Dir ein Tongefäß mit Reis. Laß ihn Dir gut schmecken. Das Gefäß hat mein Vater gemacht. Er ist Töpfer. Außerdem schicke ich Dir noch eine Kette aus bunten Federn. Diese Kette habe ich selbst gemacht. Bei uns gibt es viele Vögel mit solchen Federn. Es grüßt Dich Dein Freund Sadhu.
Hans-Peter bekam viele schöne Geschenke an diesem Weihnachtsabend. Die schönsten waren für ihn das Tontöpfchen mit dem Reis und die Vogelfederkette. Er trug die Kette den ganzen Abend und sagte jedem, der es hören wollte: »Die hat mir mein Freund Sadhu aus Indien geschickt!«

Inhalt: *Die Mutter erzählt den Kindern von der armseligen, dennoch friedvollen Nachkriegs-Weihnacht im Notquartier.*

Krieg

Not

Armut

Kälte

Frieden

Liebe

Wünsche

Das Bild der tausend Wünsche

von Renate Schupp

Die Mutter kniete mitten im Zimmer auf dem Fußboden und betrachtete ganz versunken einen großen Bogen braunes Packpapier, den sie vor sich auf dem Teppich ausgebreitet hatte.

»Was ist das?« fragten die Kinder und schauten ihr neugierig über die Schulter.

Das zerknitterte Papier war über und über mit kleinen ungelenken Buntstiftzeichnungen bedeckt.

»Wer hat das denn gemalt? Und auf solchem Papier?« Die Kinder fanden das packpapierne Kunstwerk sehr zum Lachen.

»Ich habe es gemalt«, sagte die Mutter, »und es gab eben kein besseres Papier! Es war in der ganz schlechten Zeit nach dem Krieg.«

»War das damals, als ihr in Benningen wohntet?«

»Benningen, ja. Aber von Wohnen konnte keine Rede sein. Wochenlang wurden wir herumgeschubst, von einem Notquartier ins andere. Niemand wollte uns Flüchtlinge haben – und gar noch jemanden mit zwei Kindern.

Großmutter lief sich ihre letzten Schuhsohlen ab nach einer Wohnung oder wenigstens einem Zimmer für uns drei. Und kurz vor Weihnachten bekamen wir dann unverhofft eine Stube in einer alten Soldatenbaracke zugewiesen – eine eigene Stube, die wir mit niemandem teilen mußten. Wie froh wir da waren! Jetzt hatten wir sogar wieder einen eigenen Herd, auf dem Großmutter für uns kochen konnte. Vorausgesetzt natürlich, wir trieben irgend etwas Kochbares auf und etwas, womit man ein Feuer machen konnte.

Schon am ersten Tag regnete es uns durchs Dach. Irgend jemand nagelte Teerpappe auf die undichte Stellen, doch beim nächsten Regen tropfte es dafür an einer anderen Stelle durch. Großmutter stellte Büchsen auf, damit es keine Überschwemmung auf dem Fußboden gab.

Einmal mußten wir nachts aufstehen und die Betten verschieben, damit die Decken nicht naß wurden. Und ein andermal, als Onkel Robert und ich mittags aus der Schule kamen, stand Großmutter mit dem Regenschirm am Herd und kochte. Sie hielt den Schirm in der einen Hand und mit der anderen hantierte sie an den Töpfen.«

»Ist das wirklich wahr?« lachten die Kinder, »Großmutter kochte mit dem Regenschirm?«

»Ihr könnt sie ja danach fragen. Ich glaube, sie fand es nicht sehr lustig.«

»Und an Weihnachten? Regnete es da auch?«

»Nein! Ein paar Tage zuvor begann es zu schneien, und es wurde bitterkalt. Es zog erbärmlich durch alle Ritzen, und wir mußten unsere Mäntel anbehalten, wenn wir nicht gar zu jämmerlich frieren wollten.

Am Morgen des Heiligen Abends hielt Großmutter es nicht mehr länger aus. Sie nahm unseren Kohlensack, und wir zogen los, um Kohlen zu besorgen. Hinter den Baracken standen amerikanische Kasernen, und dort gab es einen Schuppen, der bis obenhin voll Kohlen war. Leider stand Tag und Nacht ein Posten davor. Aber jetzt war uns schon alles egal. Wir warteten, bis der Posten einmal wegschaute, schlüpften schnell hinein und schaufelten unseren Sack voll.«

»Was?« riefen die Kinder entsetzt. »Ihr habt Kohlen geklaut am Heiligen Abend?«

»Ja!« sagte die Mutter. »Und wir hatten noch nicht einmal ein schlechtes Gewissen dabei – nur Angst, es könnte uns jemand unsere kostbare Beute wieder abnehmen. Und am Nachmittag rückte tatsächlich amerikanische Militärpolizei an und durchsuchte unsere Baracke.«

»Oh!« stöhnten die Kinder und rissen die Augen auf vor Aufregung.

»Niemand wußte, was sie eigentlich suchten. Aber wir dachten natürlich sofort an die Kohlen. Der Schreck fuhr uns in alle Knochen. Wo sollten wir sie verstecken in unserer kahlen Stube? Da nahm Großmutter kurzentschlossen den Sack, warf ihn ins Bett und legte sich gleich dazu.«

»Was? Großmutter legte sich mit dem Kohlensack ins Bett?«
»Ja! Sie zog die Decke bis ans Kinn, und vor lauter Angst sah sie tatsächlich sterbenskrank aus, so daß der Amerikaner, der gleich darauf hereinkam, mit einer Entschuldigung die Tür wieder zumachte, ohne sich weiter umzusehen.«
»Oh, Mann!« riefen die Kinder erleichtert. »War Großmutter nicht ganz schwarz?«
»Wahrscheinlich, aber damals machten wir uns gerne schmutzig für ein paar Kohlen. Als es draußen wieder ruhig war, schürte Großmutter das Feuer im Herd, daß die Flammen nur so tanzten. Und wir Kinder standen andächtig dabei, hielten die Hände über die Herdplatte und spürten wohlig, wie uns das Feuer langsam erwärmte. Wir holten unsere Stühle und setzten uns um den Herd, und Großmutter erzählte uns Geschichten von früher, als sie selbst noch klein gewesen war. Und dann sagte Onkel Robert die Weihnachtsgeschichte auf, die er für die Schule hatte lernen müssen. Und wir sangen alle Weihnachtslieder, die wir auswendig konnten. Als es anfing zu dämmern, schickte Großmutter uns hinaus auf den Gang. Wir hörten, wie sie drinnen herumwirtschaftete, und waren furchtbar neugierig. Nach einer Weile durften wir wieder hereinkommen. Da stand auf dem Tisch ein ganz richtiges kleines Weihnachtsbäumchen. Großmutter hatte es mit allerlei selbstgebasteltem Schmuck behängt, und an den Zweigen steckten rote Kerzen. Ich merkte erst später, daß nur drei davon wirklich brannten, die anderen bestanden aus zusammengerolltem rotem Papier, dem Großmutter oben kleine Wattespitzen aufgesteckt hatte. Es sah ziemlich echt aus.«
»Bekamt ihr keine Geschenke?«
»Doch! Und das war eine ganz große Überraschung für uns, denn wir wußten ja, daß Großmutter kein Geld hatte, um etwas zu kaufen. Sie mußte es sich irgendwo erbettelt haben: einen Märklin-Baukasten für Onkel Robert und ein Mäppchen mit Buntstiften für mich. Im Baukasten fehlten zwar ein paar Schrauben und meine Buntstifte waren verschieden lang, aber mich störte das kein bißchen. Ich freute mich wie ein König.«
»Wirklich?« zweifelten die Kinder. »Aber Buntstifte sind doch nichts Besonderes.«
»Vielleicht – wenn man es gewöhnt ist, welche zu haben!«
»Und sonst hast du nichts bekommen?«
»Nein!«
»O je, das war ein trauriges Weihnachten für dich.«
»Nein, gar nicht! Ich war sehr froh. Wir hatten eine warme Stube – das war allein schon eine Freude wert. Und zum Abendessen teilte uns Großmutter das Brot einmal nicht zu, sondern wir durften essen, soviel wir wollten. Und wenn ich's recht bedenke, so war da eigentlich alles, was zu Weihnachten gehört: Es war Friede auf Erden. Und Großmutter war da, in deren Liebe ich mich geborgen fühlte, wie sehr auch die ganze Welt durcheinander geraten war. Und ich hatte meine Buntstifte, die mir mehr Weihnachtsfreude bescherten als manches teure Geschenk, das ich später bekam.«
»Jetzt wirst du gleich sagen, daß Weihanchten damals eigentlich viel schöner war als heute, weil die Kinder sich noch an kleinen Dingen sooo sehr freuen konnten und nicht so maßlose Wünsche hatten wie heutzutage!«
Die Mutter lächelte. »Nein, nein! Jede Zeit hat ihre Wünsche. Meint ihr, wir hatten keine? Ach du meine Güte! Und maßlos waren sie auch. Seht euch nur mein Bild an; ich habe es an jenem Abend mit meinen Buntstiften gemalt. Großmutter mußte mir das größte Blatt geben, das sie hatte. Und darauf malte ich alle meine Wünsche. Den ganzen Abend malte ich, und am Ende war der große Bogen doch noch zu klein.
Großmutter schaute mir zu und nannte mein Gemälde ›das Bild der tausend Wünsche‹!«

Die Kinder schauten auf das Bild nieder, und auf einmal verstanden sie den Sinn, der in dem Durcheinander steckte. In der Mitte stand ein Haus mit einem Garten und einem Zaun ringsherum. Der dicke Rauch, der aus dem Schornstein quoll, sollte wohl zeigen, daß hier niemand frieren mußte. Und Hunger brauchte auch keiner zu leiden, denn übers ganze Papier verteilt gab es Würste und Brezeln und Äpfel und Kuchen. Da gab es Sachen zum Anziehen und Puppen, einen Puppenwagen und ein Fahrrad, Schlittschuhe und einen Schlitten und einen Schulranzen – und viele Dinge, von denen Mutter heute selbst nicht mehr sagen konnte, was sie darstellen sollten.
Am Rand, so als träte er gerade in das Bild hinein, stand ein Mann in einer Uniform und mit einer komischen Brille.
»Das soll wohl Großvater sein?« rieten die Kinder.
»Ja. Wir hatten seit seinem letzten Urlaub nichts mehr von ihm gehört. Jeden Tag erhofften wir uns ein Lebenszeichen von ihm. Wir waren überzeugt, daß alles wieder gut würde, wenn nur er erst wieder da wäre. Großvater war eigentlich mein Hauptwunsch.«

Die Mutter strich das runzlige Papier glatt und faltete es bedächtig zusammen. »Großmutter hat es durch all die Jahre hindurch aufgehoben. Und jedes Jahr zu Weihnachten schauten wir nach, wieviel Wünsche inzwischen wahr geworden waren. Sind sind alle in Erfüllung gegangen.
Manche erst nach vielen Jahren, aber manche auch schon bald. Wir hatten Glück, trotz allem.«

»Und warum hebst du das Bild jetzt noch auf?« fragten die Kinder.
»Damit ich mich erinnere«, sagte die Mutter und stand auf.
»Man wird so leicht vergeßlich, wenn es einem gut geht.«

Inhalt: *Die fünf Kinder schenken ihrer alleinerziehenden Mutter zu Weihnachten selbsterfundene Geschichten.*

Geschichten

Fantasie

Freude

Geschenke

Familie

Weihnachtsgeschichten

von Sonja Matthes

Vor Jahren lebte in der Pfalz eine Familie, eine Mutter mit fünf Kindern. Kinderreich nennt man solche Familien, und das ist ein schönes, ein treffendes Wort. Langweilig war es nie in dieser Familie, besonders in der Advents- und Weihnachtszeit nicht. Auch diese Kinder hatten ihre Wünsche und schrieben an den Weihnachtsmann. Die Briefe müssen auch angekommen sein; denn am Heiligabend lagen die erträumten Siebensachen unter dem Tannenbaum.

Als die Kinder heranwuchsen, wollten sie auch der Mutter etwas zu Weihnachten schenken. Aber was? Mutter sagte: »Einfach etwas kaufen? Nein, so ein schnelles Geschenk möchte ich nicht.« So saßen die Kinder denn einmal unter dem Adventskranz und hielten Rat. Es fiel ihnen schließlich etwas sehr Schönes ein: Wir schenken unserer Mutter eine Weihnachtsgeschichte. Jeder denkt sich eine Geschichte aus und liest sie dann am Heiligabend vor, wenn am Tannenbaum die Kerzen leuchten. – Abgemacht! – Ja!

Und so geschah es: Jedes Kind erfand eine andere Weihnachtsgeschichte, seine eigene. Im Schein der Kerzen ereignete sich etwas Wunderbares: Die Uraufführung der Geschichten.

Dieser Versuch gefiel allen so gut, daß sie beschlossen, daraus einen Weihnachtsbrauch werden zu lassen. Jahrelang hielt man es in dieser Familie so. Das waren wirklich passende Weihnachtsgeschenke. Man brauchte dazu nur Fantasie, Zeit und die Lust, anderen eine Freude zu bereiten.

Längst sind die Kinder erwachsen und gehen ihre eigenen Wege. Geblieben sind die Erinnerungen an die Zeit, als sie in der Pfalz eine kinderreiche Familie waren, in der Geschichten zu Weihnachtsgeschenken wurden.

Weihnachten

Festtag

Alltag

Geschenke

Almosen

Inhalt: *Deutsche Kinder und Gastarbeiterkinder: Ilse erweist sich Juanita gegenüber nur an Weihnachten großzügig, Piet hilft Rodolfo das ganze Jahr über.*

Als Juanita fort war

von Josef Reding

Ilse Velbert fühlt sich rundum wohl. Außen und innen. Vor einer Viertelstunde war Juanita gegangen. Juanita, so hieß ihre Klassenkameradin. Ihr Vater ist Gastarbeiter beim Städtischen Fuhrpark. Genauer: bei der Müllabfuhr. Und da Ilse gelesen hat, daß man Weihnachten lieb zueinander sein soll, hatte sie zur Bescherung am Heiligen Abend Juanita eingeladen.
Ilse Velbert hatte mit Geschenken nicht gespart. Vielmehr ihre Eltern nicht, denn die mußten die Geschenke schließlich bezahlen. Juanita hatte bekommen: ein Paar Pelzhandschuhe, einen Füllfederhalter mit eingraviertem Namen, Rollschuhe und eine Tüte Spekulatius, Schokoladenbonbons und Pfeffernüsse. Und Juanita hatte sich über die Geschenke gefreut. Man konnte es ihrem Gesicht ansehen. Und beim Nachhausegehen hat Juanita die Pelzhandschuhe gleich angezogen.

Ilse hatte der Klassenkameradin noch lange nachgewinkt. Und dann begann sie zu frieren und hatte die Haustür schnell zugemacht und war zu ihrem eigenen Gabentisch zurückgekehrt: ein Paar Stiefel aus Seehundfell, ein Mantel mit Pelzbesatz, rubinrote Ohrringe, ein Buch über die Tierwelt in der Serengeti und ein Heimkino mit zehn Trickfilmen.
Ilse sah zufrieden aus. Sie sah so zufrieden aus, daß ihr Bruder Piet ihr diese Zufriedenheit etwas vermiesen wollte.
»Du siehst aus, als hättest du ein gewaltiges Werk getan!« sagte Piet.
»Hab' ich das nicht?« fragte Ilse.
»Schließlich habe ich als einzige in der Klasse Juanita eingeladen und ihr ...«

Piet winkte ab. »Jajaja! Du hast Juanita eingeladen. Zu Weihnachten. Aber – an den übrigen dreihundertvierundsechzig Tagen im Jahr hab' ich Juanita noch nie bei uns gesehen!«
Ilse wurde ärgerlich. Sie zögerte nicht lange, es ihrem Bruder heimzuzahlen:
»Ausgerechnet du mußt mir das vorwerfen! Wen hast du denn zu Weihnachten eingeladen, du edelmütiger Knilch? Überhaupt keinen!«
»Stimmt«, sagt Piet. »Weil ich mich schäme, ausgerechnet in der Weihnachtszeit jemand in unsere Bude zu lotsen und für eine Stunde das gute Herz zu spielen und mich dann nicht mehr um den anderen zu kümmern.«
»Also tust du überhaupt nichts für Gastarbeiterkinder? Ihr habt doch auch einen in der Klasse!«
»Drei haben wir in der Klasse«, stellte Piet mit Gelassenheit richtig. »Rodolfo, Beatrice und Titomanio -«
»Sogar drei! Wenn du wenigstens für einen davon einen Finger krumm machen würdest ...«
»Finger krumm machen ist gut!« sagte Piet und kicherte aus dem Rachen heraus wie Ernie aus der Sesamstraße.
»Das mach' ich nämlich ...«
»Nöööööö!« sagte Ilse erstaunt.
»Jöööööö!« sagte Piet. »Ich übe mit Rodolfo deutsch schreiben und sprechen, zweimal in der Woche.«
»Ich hab' ihn aber noch nie hier gesehen ...«
»Rodolfo war schon ein paarmal hier. Du warst zufällig nicht da. Aber meistens geh' ich zu ihm. Hier wird er nämlich immerzu gefragt: ›Ach, wieviel Grad im Schatten ist es denn jetzt bei euch in Sizilien? – Kannst du uns nicht verraten, wie man eine Pizza Bolognese macht?‹ Und solchen Kram.«
»Sag mal: hilft es denn überhaupt? Ich meine, so'n bißchen Nachhilfestunde? – Spricht Rodolfo denn besser, nachdem du ...«
»Besser vielleicht nicht«, sagt Piet.
»Aber leichter. -«
»Leichter?«
»Er hat nicht mehr so eine große Scheu wie früher. -«
»Wann gehst du denn nächstes Mal zu Rodolfo?« fragte Ilse.
»Jetzt«, sagte Piet. »Rodolfos Familie hat mich eingeladen. Rodolfos Vater hat gesagt: ›Wer das ganze Jahr

mit uns zusammen ist, der darf auch an diesem besonderen Abend nicht an unserem Tisch fehlen!‹«
»Kann ich mitkommen?« fragte Ilse.
»Zu Rodolfo?« fragte Piet.
»Ja«, sagte Ilse.
»Wie ich Rodolfos Familie kenne, wird niemand etwas dagegen haben«, sagte Piet. »Aber ich mache dir einen besseren Vorschlag.«
»Welchen?« fragt Ilse.
»Wie wär's mit einem Besuch bei Juanita?«

Inhalt: *Beim Anblick des heruntergekommenen, traurigen Gitarrenspielers auf der Parkbank überkommt Lutz ein unerklärliches Gefühl der Befremdung und der Anteilnahme zugleich. Es ist Heiligabendnachmittag.*

Armut

Außenseiter

Traurigkeit

Einsamkeit

Anteilnehmen

Heiligabend

von Gina Ruck-Pauquèt

Es war Heiligabend. Bald würde es regnen. Der Himmel war grau. Im Sommer standen Tische und Stühle vor den Cafés auf dem Bürgersteig. Jetzt drängten die Leute mit ihren letzten Einkäufen heim. Weihnachten, sang es in Lutz. Bescherung.
Er mußte nur noch ein bißchen warten.
An einer Stelle stockte die Menschenbewegung. Die Leute blieben stehen. Das war bei der grünen Bank.
Lutz ging hin. Auf der Bank saß ein Mann. Er war jung. Seine Kleider waren schmuddelig, und die Haare hingen ihm ins Gesicht. Er hielt eine Gitarre im Arm, aber er spielte nicht.
Er spielte nicht, und er schaute niemanden an. Neben ihm auf der Bank lag ein Tuch, das Knoten an den vier Enden hatte.
Die Leute standen da und starrten den Mann an. Sie hielten ihre Pakete mit einer Hand und warfen Münzen in das Tuch.
Lutz dachte, daß der Mann krank sei. Aber er wußte nicht, welche Krankheit es war.
Die Leute wurden unruhig.
»Sks!« machte einer.
Lutz hatte das schon einmal gehört. Das machten sie auch im Zoo. Damit die Tiere sie anschauten. Zwischen den Tieren und den Menschen waren Gitter.
Der Mann fing an zu spielen. Er hatte nicht aufgeschaut. Er spielte irgend etwas und summte dazu.
Lutz wünschte, die Leute würden gehen. Manche gingen auch, aber es kamen wieder neue.
Einmal blickte der Mann Lutz in die Augen. Nur ganz kurz. Der Blick machte, daß Lutz innen etwas weh tat. Es war so, daß Lutz sich nichts zu dem Mann dazudenken konnte. Keine Frau, kein Zimmer, kein Haus mit einem Zaun drum, kein Weihnachten und nicht mal einen Hund.
Lutz hätte gern irgendwas zu dem Mann gesagt. Nur so ein Wort, das er sich vielleicht anhören konnte. Aber er fand keins.
Plötzlich hörte der Mann auf zu spielen. Hörte einfach auf, mitten in der Melodie.
Die Leute lachten. Jetzt gingen sie.
Der Mann nahm das Tuch mit dem Geld und steckte es in die Tasche seiner Jacke. Ein paar Münzen fielen hin. Er achtete nicht darauf. Ging.
Er würde keine Kerzen kaufen und keinen Lebkuchen. Es war Heiligabend. Die Geschäfte schlossen. Lutz mußte heim. Er konnte den Mann nicht vergessen. Aber er wußte nicht, wohin er ihn denken sollte.

Weihnachten

Arm und Reich

Dritte Welt

Kinderarbeit

Teilen

Verweigerung

Inhalt: *Ein in Kinderarbeit gefertigter Teppich aus Schiras im Iran wird von Fredi und Ilse als Weihnachtsgeschenk abgelehnt.*

Der Teppich aus Schiras

von Elfriede Becker

Die Tür öffnet sich, und sie treten ein. Der Weihnachtsbaum reicht vom Fußboden bis zur Decke. Das kennen Fredi und Ilse schon. Der Baum hängt voll guter Dinge. Auch das kennen die Kinder. Ein Knopfdruck, und alle elektrischen Kerzen leuchten. Das kennen die beiden auch schon. Sie kennen auch alle Geschenke. Sie haben ihre Wünsche aufgeschrieben. Sie bekommen alles. Das wissen sie. So ist es jedes Jahr.

Heute ist Onkel Philipp zu Besuch. Die Mutter sagt: »Und Onkel Philipps Geschenk gefällt euch nicht?«

Fredi und Ilse suchen. Sie finden es nicht.

»Ihr steht darauf«, sagt die Mutter und lacht. Ilse schaut nach unten und schreit: »Ein Teppich!«

»Ja, ein Schiras«, sagt der Onkel.

»Was heißt das, ein Schiras, Onkel Philipp?« fragt Fredi.

»Setzt euch. Ich will es euch erzählen«, sagt der Onkel.

»Das war so: Im vorigen Jahr war ich in Schiras, im Iran. Dort habe ich eine Teppichfabrik besucht. Ich müßt euch folgendes vorstellen:

In einem großen Raum stehen viele Holzgestelle. Daran hängen die halbfertigen Teppiche. Vor den Gestellen sitzen Frauen und Kinder.

Die Kinder sind so alt wie ihr. Sie knüpfen Teppiche. Ich bin zu einem Jungen gegangen und habe ihn gefragt: ›Wie heißt du?‹

›Hamid, Herr.‹

›Wie alt bist du?‹

›Zehn Jahre, Herr.‹

›Wie lange arbeitest du an einem Tag, Hamid?‹

›Zehn Stunden, Herr!‹«

Ilse schreit auf: »Zehn Stunden am Tag? Und wann geht er in die Schule?«

Auf einmal findet Ilse die Schule schön.

Der Onkel sagt: »Er geht nicht in die Schule. Nicht mehr. Er hat vier Schulklassen durchgemacht, jetzt arbeitet er. Kinderarbeit ist billiger für den Fabrikherren.«

Fredi bittet: »Erzähl weiter, Onkel Philipp.«

Der Onkel erzählt weiter: »Ich habe Hamid gefragt, ob der Teppich im Dezember fertig sein wird. Hamid hat mit dem Kopf geschüttelt, aber der Fabrikherr hat es mir versprochen. Und jetzt habe ich den Teppich für euch geholt.«

»Und was ist mit Hamid? Hast du ihn wiedergesehen?« fragt Ilse.

»Nein. Hamid ist krank geworden. Der Fabrikherr hat ihn entlassen. Mehr weiß ich nicht«, sagt der Onkel.

Fredi und Ilse schweigen. »Ihr habt euch noch gar nicht bedankt«, sagt die Mutter.

Die Kinder bedanken sich. Sie nehmen ein Buch und setzen sich auf die Couch. Auf den Teppich setzen sie sich nicht.

Am nächsten Tag schlafen die Großen länger. Fredi und Ilse sind zeitig auf. Die Mutter hört ein Huschen und Wispern. Sie achtet nicht darauf.

Später läutet es an der Tür. Die Mutter öffnet. Der kleine Huseyin aus dem Nachbarhaus steht draußen. Er lehnt eine Teppichrolle gegen die Tür. Er sagt: »Das Fredi und Ilse mir geschenkt. Ich nicht wollen.«

Er geht.

Die Mutter rollt den Teppich ein wenig auf. »Der Schiras!« schreit sie.

Dann stehen alle im Kinderzimmer, die Eltern und der Onkel.

Fredi und Ilse spielen mit Holzkugeln auf ihrem alten Teppich.

Ilse sagt: »Wir wollen den Schiras nicht! Wegen Hamid! Vielleicht ist er schon tot.«

Und Fredi sagt: »Wir haben ihn Huseyin geschenkt. Bei ihm ist es kalt in der Wohnung. Er hat keinen Teppich.«

Die Eltern sagen nichts. Noch am selben Tag fährt Onkel Philipp weg.

Den Schiras nimmt er mit.

Die Eltern brauchen lange, bis sie alles verstehen.

Inhalt: *Ein Weihnachtspaket aus Europa hilft der Slumfamilie in Kalkutta für einige Tage den Hunger und die Hoffnungslosigkeit zu vergessen.*

Alter

Krankheit

Einsamkeit

Freude

Zuwendung

Freundschaft

Liebe

Geschenke

Arul

von Elfriede Becker

Seit vielen Tagen ist der Vater arbeitslos. Im Sommer hat er auf einem Bau gearbeitet. Jetzt ist Winter, und niemand baut ein Haus. In der großen Stadt Kalkutta baut niemand ein Haus.

Jeden Morgen hört Arul den Vater zeitig weggehen. Der Vater sucht Arbeit. Auch heute hört Arul ihn weggehen. In der Hütte ist es kalt. Arul drückt sich an den kleinen Bruder. Sie liegen zusammen auf einer Matte. Arul wickelt das alte Tuch fest um sie beide herum. Arul friert. Endlich schläft er wieder ein.

Auf einmal wacht Arul auf. Die Mutter schüttelt ihn sanft an der Schulter.

Sie sagt: »Arul, steh auf und geh mit deinem Bruder auf den Schuttplatz. Ich brauche etwas zum Heizen.«

Arul weckt den Bruder. Sie streichen ihre Leibchen glatt, ziehen die Hosen hinauf und schlüpfen in ihre dünnen Jacken.

Es ist Dezember, und draußen ist es kalt. Aus allen Lehmhütten kommen Kinder. Sie frieren in ihren dünnen Kleidern. Sie sind hungrig. Keines hat heute schon etwas zu essen bekommen. Für alle gibt es nur einmal am Tage zu essen: zu Mittag. Die Kinder müssen gehen und etwas zum Feuer machen suchen. Dann kann die Mutter das Mittagessen kochen.

Arul und sein Bruder laufen auf die breite Straße hinaus zum Schuttplatz. Hier wühlen schon viele Kinder im Schutt. Arul findet ein Stück Pappe und eine halbe Schachtel.

Da brummt ein Schuttwagen heran.

Arul drückt seine Schätze dem Bruder in die Arme und sagt: »Halte das fest und warte auf mich. Ich laufe zum Wagen.«

Mit Arul laufen viele Kinder zum Wagen. Das Lastauto hält. Die Männer schaufeln den Schutt hinunter. Und zu jeder Schaufel Schutt stürzen zwei oder drei Kinder und wühlen im Staub.

Arul erwischt ein Stück Holz und ein Stück Teerpappe. Der Schutt ist abgeladen. Das Lastauto fährt weg. Die Staubwolke senkt sich. Im Weggehen stolpert Arul über einen Stoffetzen. Er zieht ihn heraus. Darüber wird sich die Mutter freuen. Damit kann sie eine Jacke flicken.

Arul und sein Bruder bringen die Sachen heim. Die Mutter lobt sie. Dann sagt sie: »Jetzt mußt du Wasser holen, Arul.«

Arul nimmt den Krug und holt vom Brunnen Wasser. Die Mutter kocht. Sie kocht Bohnen. Reis und Mehl sind längst verbraucht. Der Bruder hockt neben dem Herd. Arul setzt sich zur Großmutter auf die Matte. Die Großmutter hält die kleine Schwester auf dem Schoß. Sie wickelt einen Zipfel ihres Tuches um Arul.

Sie fragt: »Ist es kalt draußen, Arul?«

Arul nickt und drückt sich an die Großmutter.

Eine Weile schweigt er, dann bittet er: »Großmutter, erzähle mir von früher.«

Und die Großmutter erzählt:

»Es war einmal ein Dorf. In diesem Dorf standen viele Hütten, und in einer dieser Hütten wohnten wir: deine Eltern, ich, du und dein kleiner Bruder. Deine kleine Schwester war damals noch nicht auf der Welt. Wir hatten Hühner und Enten und zwei Felder. Auf diesen Feldern baute dein Vater Getreide und Gemüse an. Im Sommer war es immer heiß und trocken, doch jedes Jahr kam zur rechten Zeit der Monsunregen.

Aber vor drei Jahren, da kam der Monsunregen nicht rechtzeitig. Das Getreide wuchs nicht, das Gemüse vertrocknete, die Enten verdursteten, und die Hühner wurden krank. Im Brunnen gab es fast kein Wasser mehr, und alle Menschen jammerten.

Eines Tages begann es zu regnen. Der Monsunregen kam. Wir jubelten und freuten uns. Es regnete viele Tage, und es regnete immerzu, und es hörte nicht auf zu regnen. Es regnete viel länger als in anderen Jahren. Der Regen schwemmte die Erde von den Feldern, er riß die Wege auf und drückte unsere Lehmhütten ein. Wir standen alle auf dem Hügel und schauten zu, wie das Wasser unser Dorf zerstörte.«

Die Großmutter schweigt.

»Erzähl weiter, Großmutter«, bittet Arul.

Die Großmutter seufzt: »Du weißt doch schon alles, Arul, ich habe es dir doch schon so oft erzählt.«

»Trotzdem, Großmutter, erzähl bitte weiter.«
Und die Großmutter erzählt weiter:
»Die Hütten waren zerstört, die Felder verwüstet. Alle Leute aus unserem Dorf zogen in die Stadt, in die große Stadt Kalkutta. Zuerst wohnten wir in einer Mauernische auf der Straße, dann durften wir in diese Lehmhütte ziehen. Das war ein großes Glück. Wenige haben solch ein großes Glück.«
»Wer hat uns die Hütte gegeben, Großmutter?« fragte Arul.
»Gute Menschen. Sie wohnen weit weg, in Europa. Sie wissen, wie arm wir sind. Aber es gibt zu viele Arme bei uns, zu viele.« Die Großmutter ist müde. Sie schließt die Augen. Arul wagt nicht, sie zu stören.
Endlich duften die Bohnen durch die Hütte. Die Mutter füllt zwei Eßschalen. Aus einer ißt die Großmutter mit Arul, aus der anderen ißt die Mutter mit dem kleinen Bruder. Ein Rest im Topf bleibt für den Vater. Arul darf die Eßschale ausputzen. Er kratzt und schabt und putzt. Nichts bleibt in der Schale, kein bißchen.
Die Mutter gibt der kleinen Schwester zu trinken. Arul schmiegt sich an die Großmutter und schläft ein. Wie er aufwacht, ist der Vater da. Die Mutter gibt dem Vater den Rest Bohnen.
Der Vater zeigt auf den Topf und fragt: »Reichen sie aus bis zum 23. Dezember?«
»Ich hoffe es«, sagt die Mutter und seufzt.
Arul denkt: Wieso bis zum 23. Dezember?
Und er fragt die Großmutter: »Was ist am 23. Dezember, Großmutter?«
»Weißt du es nicht mehr? Am 23. Dezember bekommen alle Familien in dieser Siedlung ein Paket. Vielleicht nimmt dich der Vater in diesem Jahr mit. Jetzt bist du ja schon groß.«
»Wann ist der 23. Dezember, Großmutter?« fragt Arul.
»Du mußt noch elfmal schlafen gehen, dann ist der 23. Dezember«, sagt die Großmutter.
Arul streckt alle seine Finger aus. Das weiß er: alle Finger sind zehn, und elf ist ein Finger dazu.

Am Abend schleicht Arul zum Herd. Er kratzt mit einem Daumen im Ruß. Der Daumennagel ist schwarz. Den ganzen nächsten Tag hütet Arul den Nagel. Der Ruß darf nicht abgehen. Und jeden Abend kratzt Arul mit einem anderen Finger im Ruß. Nach zehn Tagen sind alle Fingernägel schwarz. Am elften Tag kratzt Arul nicht mehr im Ruß. Diesen Tag merkt er sich auch so: morgen ist der 23. Dezember. Und Arul darf mit dem Vater und der Mutter gehen.

Am Morgen hilft die Mutter Arul beim Waschen. Nun sind alle Finger sauber. Der Vater sieht nach, ob in seiner Jackentasche der »Zettel« steckt. Die Mutter legt ein Tuch um Kopf und Schultern. Sie gehen weg. Die Großmutter und der kleine Bruder winken ihnen nach. Arul geht zwischen dem Vater und der Mutter. Er zieht die Schultern ein. Er friert. Er drückt eine Hand auf den Magen. Arul hat Hunger. Aus allen Lehmhütten kommen Menschen: Väter, Mütter und Kinder. Sie haben alle den gleichen Weg. Sie gehen zur Schule. Die Väter gehen auf den Schulhof. Die Mütter und die Kinder bleiben hinter dem Stacheldrahtzaun stehen. Arul drängt sich durch die Großen nach vorn. Er hält sich am Zaun fest und starrt auf den Schulhof. Auf einmal schreit ein Mädchen: »Sie kommen!« Und viele Kinder schreien: »Das Auto! Das Auto kommt!«

Ein kleiner Lastwagen fährt in den Hof. Die Väter treten zur Seite und stellen sich in einer Reihe an. Ein Mann und eine Frau steigen aus. Sie sind Ausländer. Freundlich winken sie allen zu. Der Mann holt einen Hocker und ein Tischchen aus dem Wagen. Er stellt sie hin. Die Frau setzt sich auf den Hocker und breitet viele bedruckte Papiere auf dem Tischchen aus.
Der Vater steht weit hinten in der Reihe. So weit kann Arul noch nicht zählen. Arul denkt: Hoffentlich sind genug Pakete im Auto!
Ein Vater nach dem andern bekommt ein Paket und geht weg. Mit ihm gehen seine Frau und seine Kinder. Jetzt kann Arul die Männer zählen. Vor dem Vater stehen: fünf Männer, vier, jetzt drei, dann zwei und nun nur noch ein Mann. Und jetzt ist der Vater an der Reihe. Er reicht der Frau seinen »Zettel«. Die Frau streicht auf einem Papier etwas durch, und der Vater bekommt ein Paket. Arul drängt sich duch die Leute und läuft mit seiner Mutter zum Vater. Arul fragt voll Ungeduld: »Vater, was ist in dem Paket?«
»Ich weiß es selbst nicht genau. Zu Hause wirst du es sehen«, sagt der Vater und lächelt, weil Arul sich freut.
Zu Hause legt der Vater das Paket auf die Sitzmatte. Die Mutter öffnet es, und alle schauen zu. Die Mutter packt aus: ein Säckchen Reis, ein Säckchen Mehl, ein Säckchen Linsen, ein Säckchen Bohnen, eine Dose Trockenmilch – und hier! Was ist das? Drei Stückchen in Silberpapier gewickelt!
Die Mutter lächelt. Arul staunt.
Die Großmutter sagt: »Etwas Süßes für die Kinder.«
Die Mutter räumt die Vorräte weg.
Sie sagt: »Für ein paar Tage gibt es ein Mittagessen.«

»Ja, für ein paar Tage! Und dann?« fragt der Vater traurig.
Doch Arul hört nicht genau hin. Er ist froh. Er hält sein Stückchen im Silberpapier in der Hand. Sein Bruder sitzt neben ihm und riecht an seinem Stückchen. Keiner packt es aus, keiner ißt es.
Nachher fragt Arul: »Großmutter, warum geben uns die Fremden das Paket. Warum schenken sie uns etwas?«
Die Großmutter sagt: »Morgen ist der 24. Dezember. An diesem Tag feiern die Fremden in ihrem Land ein schönes Fest. Sie essen und trinken gute Sachen. Die Eltern schenken den Kindern neue Kleider, Bücher mit Bildern und Spielzeug. An diesem Tag sind die Fremden froh, und damit auch wir uns freuen, schenken sie uns dieses Paket.«
»Haben die Fremden so viel zu essen, Großmutter?« fragt Arul.
»Ja, sehr viel, Arul.«
»Und wir, Großmutter? Warum haben wir nichts zu essen?« fragt Arul und streichelt sein Silberstück in der Hand.
Doch die Großmutter schweigt. Sie wiegt die kleine Schwester hin und her und schaut weg. Arul bekommt keine Antwort.
Arul hält sein Geschenk in der Hand. Er wird es lange aufbewahren. Er wird es lange nicht essen. Und dann wird er jeden Tag nur ein kleines Stückchen essen. So hat er viele Tage etwas Gutes. Und das Silberpapier wird er nie wegwerfen, niemals. Es wird ihn immer an diesen schönen Tag erinnern.

Inhalt: *Zwei alte, kranke Männer stehen einander bei. Was sie sich gegenseitig zu geben haben, sind Geschenke des Herzens.*

Alter

Krankheit

Einsamkeit

Freude

Zuwendung

Freundschaft

Liebe

Geschenke

Das Geschenk: Ein Weihnachtsrätsel

von Sonja Matthes

Ein alter Mann wohnte am See. Ein anderer alter Mann wohnte am Waldrand. Im Herbst wurde der Mann am See schwer krank. Da kam der Mann vom Wald, besuchte ihn und brachte ihm ein kostbares Geschenk.
Der Mann am See freute sich darüber. Bald wurde er wieder gesund. Zur Weihnachtszeit traf's den Mann am Waldrand. Krank lag er in seiner Hütte. Jetzt war es umgekehrt. Wenn auch langsamen Schrittes, so kam doch jeden Tag der Mann vom See zum Waldrand herauf und besuchte den alten kranken Mann. Täglich brachte er ein Geschenk mit. Jeden Tag kam er mit dem gleichen Geschenk. Und es war genau dasselbe, das sein Freund ihm im Herbst gegeben hatte. Schließlich konnte auch der Mann am Waldrand das Bett wieder verlassen. Die beiden Männer gingen hinaus, wanderten geruhsam ein Stück Wegs durch den Wald oder am Ufer des Sees. Beide empfanden tiefe Freude über das Geschenk.
Was war's, was sie sich gegenseitig brachten? Sie hatten es in keinem Geschäft gekauft. Man kann es gar nicht kaufen. Es wird auch nicht eingehüllt in buntes Seidenpapier. Die beiden Männer trugen es nicht bei sich, wenn sie sich besuchten, sondern in sich. So konnten sie es nicht verlieren. Es war ein so großes Geschenk, daß kein Stück Papier der Welt ausgereicht hätte, es darin einzuschlagen. Was war's?

Drei Könige

Hochmut

Gleichheit

Gerechtigkeit

Gemeinsamkeit

Inhalt: *Gemeinsam haben die drei Könige und ihre Knechte vor dem Kind in der Krippe gekniet. Als auf dem Heimweg die beiden ersten Könige wieder die alten Gesetze von oben und unten, von Herr und Diener zur Geltung bringen wollen, läßt der dritte König das nicht zu.*

Die drei Könige und ihre Knechte auf dem Heimweg

von Werner Reiser

Die Geschichte von den drei Königen hört dort auf, wo sie ihre Kronen abnehmen, vor dem Kind in der Krippe niederknien und ihm ihre Geschenke hinlegen. Aber wie geht sie denn nachher weiter? Sie mußten ja wieder aufstehen, ihre Kronen aufsetzen und ihre königlichen Rollen weiterspielen. Aber wie ist dies möglich, wenn man dem Kind in der Krippe begegnet ist, das auf alle Kronen und Rollen der Macht verzichtet hat? Wie ging die Geschichte weiter?

Mitten in der Nacht erhielten die drei Könige im Traum die Weisung, nicht mehr nach Jerusalem und zu Herodes zurückzukehren. Sie erwachten darob und standen sogleich auf. Sie weckten ihre Diener, die ahnungslos neben den Kamelen schliefen, und befahlen ihnen die nötigen Zurüstungen für den Aufbruch.

Heimlich und leise traten sie in die Nacht hinaus. Es war ganz dunkel. Kein Stern stand am Himmel, kein Stern begleitete sie. Jener eine, der ihnen den Weg zur Krippe gewiesen hatte, war seit der Begegnung mit dem Kind verblaßt und verschwunden. Ihn konnten sie nicht mehr nach dem Weg fragen. Welchen Weg aber sollten sie gehen?

Es kam nur eine Richtung in Frage, die von Jerusalem wegführte und die Flucht ermöglichte. Dahin wandten sie sich und ritten ins Dunkle hinein. Hinter ihnen her rannten die Knechte über Stock und Stein. Es sah gar nicht besonders königlich aus.

Als sie einige Zeit durch die Nacht geflohen waren, kamen sie plötzlich nicht mehr weiter. Vor ihnen lagen Felsen und Schluchten, in denen man sich leicht und gefährlich verirren konnte. Sie stiegen ab und berieten sich miteinander. Da aber die drei Könige lauter kluge und mächtige Herren waren, hatten sie auch verschiedene Ansichten über die weiteren Schritte. Sie konnten sich nicht einigen.

Während ihrer Beratung kamen allmählich auch die Knechte herbeigekeucht und hörten zu. Auf einmal sagte einer von ihnen: »Ich vermute, wo sich ein Weg durchschlängelt.« Aber seine Bemerkung wurde übel aufgenommen.

Einer der Könige sagte: »Seit wann reden Knechte, ohne gefragt zu werden, und wollen uns den Weg zeigen? Wo kämen wir hin, wenn jeder mitreden wollte!«

Der Knecht wagte einen zweiten Versuch und antwortete: »Majestät mögen entschuldigen. Ich erinnerte mich, daß wir vor einigen Stunden gemeinsam vor dem Kind niedergekniet sind. Da meinte ich, wir könnten vielleicht auch gemeinsam in die Dinge der Welt hineinknien.«

Der zweite König erwiderte rauh: »Wir knien jetzt nicht mehr vor einer Krippe. Wir stehen draußen im kalten Wind. Da gelten andere Gesetze. Da gibt es Könige und Knechte, Herren und Diener, jeder an seinem Ort.«

Nach dieser Antwort zogen sich die drei Knechte eingeschüchtert zurück. Der dritte König hatte bisher nichts gesagt. Er hatte nur erschrocken vor sich hingeschaut, als ob er etwas gesehen hätte. Und jetzt schaute er noch immer die Knechte an, wie wenn er sie erstmals sehen und erkennen würde. Dann wandte er sich seinen königlichen Gefährten zu und sagte: »Ist es nicht seltsam? Wir lassen uns von unsern Knechten bedienen. Sie decken uns für die Nacht warm zu. Sie besorgen unsere Tiere. Sie tragen unsere Lasten. Sie rennen hinter uns her und halten ihre Köpfe für uns hin. Dennoch haben sie nichts zu sagen. Woran liegt das?«

Und noch bevor die andern Könige darauf etwas erwidern konnten, rief er den einen Knecht zu sich und fragte ihn: »Kennst du diese Gegend?«

Der Knecht antwortete: »Ich wurde vor vielen Jahren als Kriegsgefangener durch diese Gegend geschleppt.

Ich schaute mich nach allen Seiten um, wie ich flüchten könnte. Es nützte mir zwar nichts, aber die Gegend ist in meinen Augen und Füßen haften geblieben.«
Der dritte König streckte ihm die Hand entgegen und sagte freundlich: »Ich danke dir für die Auskunft.« Dann sagte er zu seinen Gefährten: »Wir können weiterziehen. Dieser Mann führt uns zuverlässig.« Er stieg auf sein Kamel und befahl dem Knecht: »Geh voran und zeige uns den Weg. Und – ach ja, gib mir dein Gepäck. Auf meinem Tier ist genügend Platz dafür, seit ich das Gold dem Kind gegeben habe.«
Die zwei anderen Könige schüttelten den Kopf und flüsterten ihm zu: »Bedenkst du auch, was du da tust? Du stellst die Welt auf den Kopf!«
Der dritte König aber lächelte nur und sprach: »Welche Welt wird auf den Kopf gestellt, wenn man aufeinander hört und die Lasten anders verteilt?«
Dann zogen sie weiter, voran der Knecht und dann die Könige. Und es war, als ob zwischendrin auf dem dunklen Weg ein heller Glanz mitlaufen würde. So suchten sie gemeinsam den Weg.

Inhalt: *Ein im Schmutz des Schulhofs gefundener Lebkuchenstern wird Anlaß zu einer Hilfsaktion der Klasse für Erdbebenopfer in Anatolien.*

Katastrophe

Hunger

Hilfe

Stern

Botschaft

Freude

Weihnachten

Ein Stern geht auf

von Willi Fährmann

Mitten auf dem Schulhof lag er im Schmutz. Gegen Ende der großen Pause hob Regina ihn vom Boden auf. Es war ein Weihnachtsstern, aus braunem Lebkuchenteig gebacken und mit Zuckerguß dick überzogen.
In der Klasse legte Regina den Stern vor Frau Tiltfuchs auf das Lehrerpult. »Den habe ich auf dem Schulhof gefunden«, sagte sie.
»Den hat jemand weggeworfen«, sagte Karolin.
»Der ist schmutzig, den kann niemand mehr essen«, sagte Ferdi.
»Wenn einer richtig Hunger hat, dann würd' er ihn doch essen«, behauptete Regina.
»Bieh! Ich würde ihn nie in den Mund stecken«, sagte Ferdi. Frau Tiltfuchs hörte den Kindern eine Weile schweigend zu.
»Wer hat denn von euch schon einmal einen richtigen, großen Hunger gespürt?« fragte sie schließlich.
Einige Finger fuhren in die Luft.
»Ich mußte mal ohne Abendessen ins Bett.«
»Wir haben im Sommer bei einem Ausflug unseren Picknickkorb vergessen.«
»Wir haben Tante Emmi besucht. Aber sie hat uns nichts zu essen angeboten.«
»War euer Hunger so groß, daß ihr den Stern gegessen hättet?« wollte Frau Tiltfuchs wissen.
»Nö, so groß war er nicht«, gestand Paula ein.
»Davon wird man ja krank, wenn man so etwas ißt.«
Da erzählte Frau Tiltfuchs die Geschichte vom kleinen Sindra Singh, der im fernen Indien lebt und der ungefähr so alt ist wie die Kinder aus der Klasse 3b. Jeden Tag bekommt Sindra in der Station eine Handvoll Reis. Das sind ungefähr 350 Reiskörner. Sindra hat sie gezählt. 150 ißt er, sobald er den Reis von dem Mann in der Station bekommt. 100 Körner steckt er in den Mund, wenn die Sonne ganz hoch steht. Den Rest hebt er auf, bis der Sonnenball die Erde berührt. Manchmal mogelt er ein wenig und beginnt zu essen, wenn die Sonne noch hoch in den Bäumen hängt.
»Was meint ihr«, fragte Frau Tiltfuchs die Kinder, »ob Sindra Singh den Lebkuchenstern wohl essen würde?«
»Ich glaube, ja«, gab Regina zu.
»Und hier liegt der Stern auf dem Schulhof. Im Dreck liegt er, auf dem Boden!«

»Mein Opa hat erzählt, Brot darf man gar nicht wegwerfen«, berichtete Mathilde. Er sagt, das hat er in Rußland gelernt. Da war er nach dem Weltkrieg in Gefangenschaft.«
»In Afrika hungern die Menschen auch«, sagte Ferdi.
»Und in Brasilien auch. Da hat es in einer Gegend zwei Jahre lang nicht geregnet«, wußte Karolin.
»Mein Onkel hat aus Anatolien geschrieben«, berichtete Zeki. »Es hat dort ein Erdbeben gegeben, und die Menschen haben kaum noch etwas zu essen.«
Marie hatte bislang gar nichts gesagt. Jetzt meldete sie sich. »Wir haben doch gestern abend bei der Adventsfeier für die Eltern gesungen und gespielt«, sagte sie. »Wir haben Geld gesammelt. Davon könnten wir doch ein Paket packen.« Marie stockte und setzte sich wieder.
»Ein Weihnachtspaket!« rief Ferdi.
»Übermorgen fährt ein Lastwagen von der Kirche aus in das Erdbebengebiet«, sagte Karolin. »Der nimmt das Paket sicher mit.«
Die Kinder waren begeistert. Sie schrieben an die Tafel, was sie alles in das Paket packen wollten: Schokolade und Marzipan, Mehl, Zucker, Gebäck, Konserven und und und ...
Als es zur Pause läutete, wußte jedes Kind in der Klasse, was es am Nachmittag für das Paket einkaufen sollte. Das war die einzige Hausaufgabe an diesem Tag.
Zum Schluß hielt Frau Tiltfuchs den Lebkuchenstern hoch.
»Irre ich mich, Kinder, oder leuchtet er jetzt wirklich ein bißchen?« Die Kinder meinten auch, daß er ein wenig heller aussehe.
Die Lehrerin ging ziemlich müde, aber zufrieden nach Hause. Am Abend schrillte das Telefon. Herr Semmelweid, der Vater von Ferdi, beschwerte sich.
Das Geld sei für die Klasse gesammelt worden.
Das Geld sei für das Papier gedacht und für Farbstifte.
Das Geld solle den Kindern der Klasse 3b zugute kommen. Das Geld solle nicht zum Fenster hinausgeworfen werden.
Frau Tiltfuchs wandte ein, daß die Kinder selbst auf die Idee gekommen waren, mit dem Geld in der Adventszeit etwas Gutes zu tun.
Herr Semmelweid sagte, daß die Schule dazu nicht da sei.
»Aber der Stern, Herr Semmelweid, hat Ferdi denn nichts von dem Stern erzählt?«
»Stern?« fragte Herr Semmelweid: »Was für ein Stern?«
»Na«, sagte Frau Tiltfuchs ein wenig hilflos, »der Lebkuchenstern. Der fing auf einmal an zu leuchten, als die Kinder auf den Gedanken mit dem Paket kamen. Ich meine ...«
»Sie wollen mich wohl auf den Arm nehmen, wie?« schimpfte Herr Semmelweid. »Ich werde andere Schritte unternehmen. Den Minister werde ich ...«
»Fragen Sie doch Ihren Ferdi mal nach dem Stern. Der hat es auch gesehen!« konnte Frau Tiltfuchs noch einwenden, da hatte Ferdis Vater den Hörer schon aufgelegt.
Am nächsten Morgen ging die Lehrerin bedrückt zur Schule. Ihr Mann hatte sie zwar getröstet und vorgeschlagen, notfalls die Lebensmittel für das Paket selbst zu bezahlen, aber Frau Tiltfuchs fand, es sei nicht dasselbe.
Auf dem Schulhof rannte Ferdi ihr gleich entgegen und reichte ihr einen Brief. Hastig riß sie den Umschlag auf. Fast wäre der Zwanzigmarkschein, der darin steckte, auf den Boden geflattert. Ein paar Zeilen hatte Herr Semmelweid dazugeschrieben.
»Sehr geehrte Frau Tiltfuchs«, stand da.
»Ich habe meinen Sohn Ferdi genau befragt. Ich weiß zwar immer noch nicht, ob es richtig ist, was Sie vorhaben, aber es kam mir so vor, als ob das Leuchten des Sternes noch in Ferdis Augen zu sehen war.
Entschuldigen Sie, bitte, meinen Anruf von gestern. Meine Frau sagt häufig, ich sei ein hitziger Typ.
Ihr Egon Semmelweid.«

Am Tag darauf fuhr der Lastwagen mit vielen Paketen nach Anatolien. In dem Paket der Klasse 3 b lag ein Brief.
»Frohe Weihnachten!« stand darin. Alle 26 Kinder hatten ihre Namen darunter geschrieben.
»Irgendwo in Anatolien wird ein Stern aufgehen«, sagte Frau Tiltfuchs zu ihren Kindern.

Hinweise:
Die nachfolgenden kreativen Beiträge sollten beim Kopieren je nach Bedarf vergrößert werden, um gute Lesbarkeit der Schrift sicherzustellen. Viele Kopiervorlagen eignen sich gut zum Buntmalen.

BAU' DIR EINE MARTINSLATERNE:

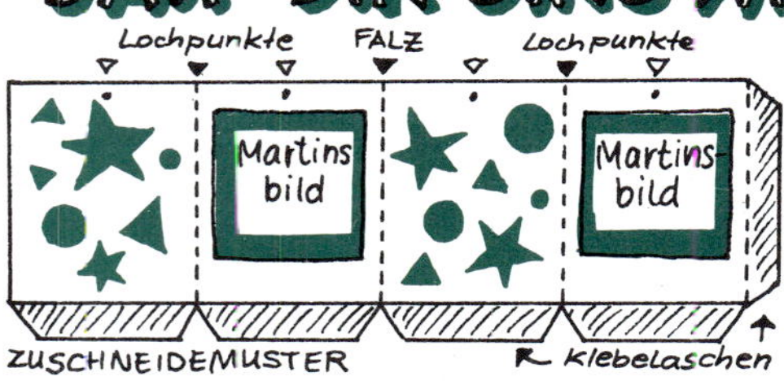

Pause das Martinsbild mit weichem Bleistift auf Butterbrotpapier ab. Für Laterne I brauchst du nur die dicken, für Laterne II auch die gestrichelten Linien.

LATERNE I: Schneide einen Bogen <u>weißen</u> Zeichenkarton wie das Muster zurecht und übertrage das Martinsbild auf 2 Seitenflächen. Male die Bilder mit Farbstiften bunt und schneide dann mit einer scharfen kleinen Schere alle Flächen weg, die grün gedruckt sind. Hinterklebe nun alle 4 Wände mit farbigem Transparentpapier und befestige sie mit den Klebelaschen an der Bodenplatte.

LATERNE II: Wer gut ausschneiden kann, paust das Martinsbild auf <u>schwarzes</u> Tonpapier ab und schneidet alle Flächen so aus, daß nur schmale Papierstege zwischen | und ¦-Linien stehenbleiben. Dann die Flächen mit verschiedenen Farben hinterkleben (z.B. Mantel = rot, Pferd = braun, Hintergrund = blau usw.). Die Laterne wie bei I fertigstellen. Zum Schluß die Lochpunkte durchbohren und Aufhängefäden durchziehen. ●●●●

Martin

Findest du die 10 Unterschiede?

Herbstzeit = Laternenzeit

Schon unsere Opas und Omas haben sie gekannt und geliebt: LATERNENGEISTER aus Futterrüben, Melonen oder Kürbissen. Willst du dir auch so eine Laterne basteln? Laß dir aber von einem Erwachsenen dabei helfen, denn die Herstellung ist nicht so einfach!

Bei Rüben wird der Zipfel, bei Melonen oder Kürbissen der obere Teil mit einem scharfen Messer im Zick-Zack-Schnitt abgetrennt. Später wird dieser Deckel wieder draufgesetzt. Nun wird das Fruchtfleisch vorsichtig mit einem Löffel herausgeholt. Das Melonenfleisch kannst du roh essen oder im Obstsalat verwenden, das Kürbisfleisch kannst du zu süß-saurem Kompott verarbeiten (Rezept im Kochbuch suchen!) In die fertig ausgehöhlte Frucht nun Mund, Nase und Augen schneiden und von innen mit Teelichtern beleuchten. In kleine Brettchen lange Nägel einschlagen (darauf werden die Köpfe gesteckt) und die Brettchen dann auf das Ende einer Rundholzstange nageln. Wann machst du mit deinen Freunden den ersten Laternenzug?

Leuchtender Adventskalender

Material: Pappe (z.B. die Rückseite eines DIN A 3-Zeichenblocks) · Bleistift · Lineal · Wachsmalstifte · Papiermesser · farbiges Transparentpapier · Schere · Kleber · weiße Watte

Male den Umriß des Hauses auf die Pappe und schneide ihn mit der Schere aus. Zeichne dann 23 Fenster und 1 Tür auf. Ritze bei jedem Fenster eine Längsseite mit dem Papiermesser an und schneide die anderen 3 Seiten so ein, daß du ein Kläppchen hast, das sich öffnen läßt. Bemale nun die Hausfront nach deinen Vorstellungen und schreibe die Zahlen von 1 bis 24 auf die Kläppchen.
Denke dir nun einfache Motive aus, die du aus Transparentpapier ausschneidest und von hinten in jedes Fenster klebst (siehe Beispiele). Klebe anschließend die Watte als Schnee auf das Hausdach. Wenn das Kalenderhaus frei stehen soll, mußt du noch Pappstützen ankleben. Die Zeichnungen zeigen dir, wie es geht:

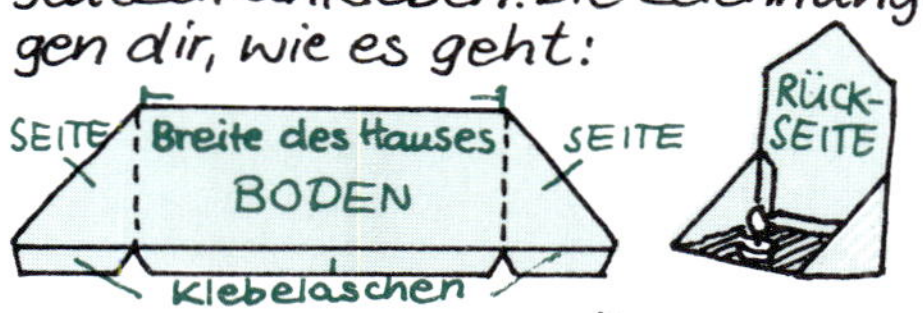

Beleuchte das fertige Haus von hinten mit einer Kerze oder Lampe.

Jeden Tag ein leuchtendes Fenster mehr ...

Jetzt ist die Zeit, die mit einem ganz besonderen Kalender gezählt wird. Wie heißt er?

Du findest das Lösungswort, wenn du die Anfangsbuchstaben der abgebildeten Dinge in die freien Kästchen schreibst.

Adventsbräuche
von hier und anderswo

29

Für jeden der 4 Adventssonntage vor Weihnachten wird eine Kerze am Adventskranz angezündet. Der 1. Advent fällt manchmal noch in den November.

30

November

Dezember

1

Der Adventskalender hilft die Wartezeit bis Weihnachten verkürzen. Heute darf das erste Türchen geöffnet werden.

2

3

4

Barbara-Tag: Wer heute Zweige vom Kirschbaum schneidet, sie über Nacht in lauwarmes Wasser legt und dann alle 3 Tage frisches Wasser in die Vase füllt, kann sie an Weihnachten blühen sehen.
Heute wird auch das Adonisgärtchen angesät: Weizenkörner, auf feuchtes Fliespapier in einen flachen Teller gelegt und immer feucht gehalten, wachsen zu einem grünen „Gärtchen" für die Weihnachtskrippe.

5

Viele Kinder stellen heute abend einen Schuh vor die Tür, damit der Nikolaus ihn über Nacht füllen kann.

6

Nikolaus:
Für den Nikolaus-Tag werden an vielen Orten Nikolausbrote aus Hefeteig gebacken. Sie heißen Klausenmänner, Nikolowecken, Stutenkerle, Grittibänz, Samichlaus, Dampetei, ...

7

Der Aufbau der Adventskrippe beginnt. Im Riesengebirge und in Schlesien haben die Krippen z.B. oft das ganze Dorf und seine Umgebung dargestellt. In Südamerika formt man die Figuren der hl. Geschichte aus einfachem Wasser-Mehl-Teig und baut daraus umfangreiche Krippen.

8

Mariä Empfängnis:
Die Weihnachtsbäckerei beginnt! Ob Plätzchen, Lebkuchen, Spekulatius oder Christstollen und Gebildbrote – jede Gegend hat ihre eigenen Traditionen und Rezepte. In Schweden gibt es zum Lucia-Tag LUSSEKOTTER. Sie bestehen aus einem Hefeteig mit je 100 g Zucker, gem. Mandeln und Butter auf 500 g Mehl, 1 Ei, 1 Handvoll Rosinen und 1/2 Teel. Safranpulver (in Milch aufgelöst).

9

10

Die 3 Donnerstage vor Weihnachten heißen Klöpfel-Nächte. Kinder ziehen von Haus zu Haus und erbitten mit Klöpfel-Sprüchen kleine Gaben. Manche rasseln dazu laut mit ihrem Klöpfel-Stock.

11

12

Am Vorabend des Lucia-Tages ziehen in Schweden weiß gekleidete Mädchen als Luciabräute mit einem grünen Kranz und brennenden Kerzen auf dem Kopf von Haus zu Haus und teilen Gaben aus.

Adventsbräuche von hier und anderswo

13

In Schweden weckt die älteste Tochter, als Luciabraut gekleidet, die ganze Familie und bringt ihr Lussekotter und Milchkaffee zum Frühstück.

Heute beginnen auch die 12 Rauh-, Sperr- oder Dunkelnächte. Sie sind die dunkelsten Nächte des Jahres und dauern bis zum 25. Dezember.

14

15

In Lateinamerika, z.B. in Mexiko, wird ab heute 9 Tage lang bis Weihnachten von Einbruch der Dunkelheit bis Mitternacht auf den Straßen musiziert, gesungen und getanzt.

16

17

Christkindl-Einläuten: In katholischen Gegenden ertönen heute nachmittag um 3 Uhr alle Kirchenglocken.

Tag des Hl. Lazarus: Er erinnert daran, Alte und Kranke bei Weihnachtsgaben und -besuchen nicht zu vergessen.

18

19

Die erste Weihnachtskarte soll ein schottischer Buchhändler im Jahre 1841 „erfunden" haben. Die Sitte, gekaufte oder selbstgebastelte Weihnachtskarten zu verschicken, verbreitete sich rasch auf der ganzen Welt.

20

Adventssingen ist an vielen Orten in der Adventszeit üblich, z.B. in Gütersloh (Westfalen) an allen Adventssonntagen um 6 Uhr morgens in den Straßen der Stadt.

21

Thomas-Tag: Mit Nachtwachen, Gebeten und Segenswünschen für die Nachbarn feiern Christen diesen Tag.

Wintersonnwende

22

23

Die Stutenfrau bringt in der Uckermark die Stuten (Hefegebäck) als Weihnachtsgabe für die Kinder.

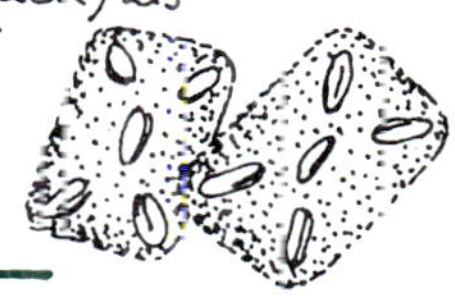

24

Heiligabend: Julklapp heißt die in Skandinavien und Mecklenburg-Vorpommern verbreitete Sitte, Geschenke zu verteilen. Sie werden geheimnisvoll verpackt und mit einem Gedicht oder Spruch und dem Namen des Empfängers versehen. Der Spender klopft laut an die Tür, ruft „Julklapp! Julklapp!" und wirft das Päckchen in den Flur oder ins Zimmer. Er darf sich aber dabei nicht erwischen lassen.

D.W.

25

1. Weihnachtstag

26

2. Weihnachtstag

Kennst du noch andere Adventsbräuche? Schreibe sie in die freien Felder!

Advent

Zwischen diesen beiden Bildern gibt es 10 Unterschiede. Kannst du alle finden?

Wir binden einen Adventskranz

Wenn kein passender Reifen oder Styropor-Ring aus früheren Jahren da ist, biegen wir einen Ring aus dickem Draht, Weidenruten oder ähnlich biegbarem Material. Mit einer Gartenschere schneiden wir die Tannenzweige zurecht. Sie sollten nicht länger als die Hand und nicht kürzer als der Mittelfinger sein. Wir bilden aus 3–4 Zweigen ein kleines Büschel und binden es mit Blumendraht am Ring fest. Dann legen wir ein neues Büschel auf das untere Ende der festgebundenen Zweige und wickeln wieder Draht darum. So geht es weiter, bis ein gleichmäßig runder Kranz entstanden ist. Wir befestigen 4 Kerzen darauf und hängen den Kranz an roten Bändern auf.

Vorschlag: Jeden Tag hängt ein Familienmitglied ein kleines Päckchen an den Kranz. An Weihnachten werden die Päckchen gemeinsam abgenommen und untereinander verteilt.

Das Adventsfenster

Ein Adventsfenster ist wie ein lebendiges Bild, das unsere Freude auf Weihnachten wiederspiegelt.
Ein gemeinsam gestaltetes „Familien-Fenster" kann über die ganze Adventszeit ein kleiner Mittelpunkt sein. Dafür ist nur wichtig, daß es keine starre Dekoration ist, die keiner anfassen darf! Jeder darf mitmachen!

Das ausgewählte Fenster kann auf die unterschiedlichste Art und Weise geschmückt werden.
Ein Beispiel: Eine einfache Fensterscheibe wird mit weißem oder grünem Klebeband zum Sprossenfenster. In die entstandenen Vierecke können nun leichtgewichtige(!) Schmuckstücke mit Stecknadeln oder Klebeband gehängt werden. Klebebilder, Strohsterne, Lamettagardinen, Schnee aus der Sprühdose, Glitzersterne, Transparentbilder – alles was gefällt und zusammenpaßt.
Sogar zum Adventskalender kann so ein Fenster werden, wenn kleine nummerierte Briefchen oder Päckchen darin aufgehängt werden.
Das Fensterbrett ist natürlich ebenfalls wichtig. Je breiter, desto mehr

Platz für Kerzen, eine kleine Krippe, eine Schale mit Obst und Nüssen und was es sonst noch an gemeinsam gebastelten Schätzen in der Familie gibt.

GESUCHT: Die erste Zeile eines bekannten Nikolaus-Liedes!

Advent

Sternenhimmel

Das wird gebraucht:

- Farbiges Tonpapier
- Gold- und Silberfolie
- Schere
- Leim
- Bleistift
- Lineal
- Nadel und Faden

So wird es gemacht:

Der Umriss der Wolke wird wie im Beispiel auf das Tonpapier aufgezeichnet und ausgeschnitten. Die Sterne aus Gold- und Silberfolie entstehen aus zwei übereinandergelegten ← Dreiecken. Dann können die Sterne an dünnen Fäden an die Wolke geklebt oder geknotet und der ganze Sternenhimmel am Fensterrahmen befestigt werden.

Wie werden die Kirschzweige genannt, die man am 4. Dezember schneidet und in die Vase stellt, damit sie an Weihnachten blühen?

MACH' DIR EINEN
Wunderbaum
Die Form eines Tannenbaumes aus farbigem Tonpapier oder Wellpappe 2x in gleicher Größe ausschneiden. Den einen Baum von oben und den anderen von unten bis zur Mitte einschneiden. Diese Schnittkanten mit Kleber bestreichen und die beiden Bäume über Kreuz ineinander stecken.
Bis zur Mitte einschneiden
Nun kannst du den Baum je nach Verwendungszweck phantasievoll bemalen und bekleben. Hier einige Beispiele für die Dekoration:
Glanzpapiersternchen
geknüllte farbige Seidenpapierbällchen
Süßigkeiten (mit Puderzucker„leim" ankleben).
Wattebällchen
Konfetti aus Glanzpapier (→ Locher)
Bis zur Mitte einschneiden
Für einen Adventsbaum die Tannenbäume ca. 30 cm groß aus Wellpappe ausschneiden und bemalen, dann zusammenstecken. Den Baum hübsch dekorieren und an jede Ecke eine dicke Kerze stellen.
Für einen Adventskalender 24 Zündholzschachteln bekleben und bemalen, dann auf den Baum kleben (auf jede Seite 6 Schachteln), nummerieren und mit Kleinigkeiten füllen.
Für ein Mobilé oder Baumschmuck verschiedene Größen (ca. 4–8 cm Höhe) aus unterschiedlichen Papieren anfertigen. Bekleben und bemalen, dann an der Spitze einen Faden zum Aufhängen befestigen. An die Decke, ins Fenster oder an den Weihnachtsbaum hängen. Oder willst du statt Lebkuchenhaus mal einen Lebkuchenbaum mit Süßigkeiten verzieren?
D. Westhewser

A I V Z N E S H E I T
START→
Z I E H O O M I T
T D E E R T T Z C I L
D.W.

Advent

Wer läuft hier durch den Winterwald? Verbinde die Zahlen von 1–44, dann weißt du es!

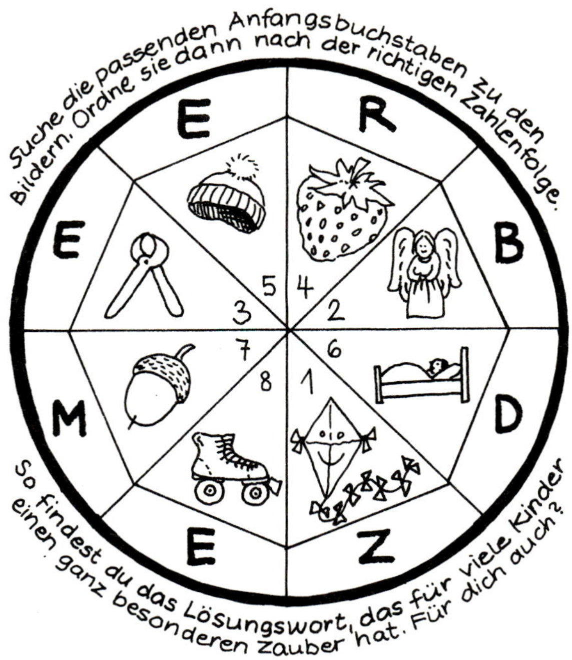


```
WEIHNACHTSZEITWEIHNACHTSZEITWEIHNAC
TWEIHNACHTSZEITWEIHNACHTSZEITWEIHNA
ITWEIHNACHTSBAUMWEIHNACHTSZEITWEIHN
EITWEIHNACHTSZEITWEIHNACHTSPOSTWEIH
ZEITWEIHNACHTSZEITWEIHNACHTSZEITWEI
SZEITWEIHNACHTSLIEDWEIHNACHTSLICHTE
TSZEITWEIHNACHTSZEITWEIHNACHTSZEITW
HTSZEITWEIHNACHTSGESCHENKNACHTSZEIT
CHTSZEITWEIHNACHTSKERZEEIHNACHTSZEI
ACHTSZEITWEIHNACHTSSTERNEIHNACHTSZE
NACHTSZEITWEIHNACHTSZEITWEIHNACHTSZ
HNACHTSZEITWEIHNACHTSKRIPPEIHNACHTS
IHNACHTSZEITWEIHNACHTSGEBÄCKIHNACHT
EIHNACHTSZEITWEIHNACHTSFESTWEIHNACH
WEIHNACHTSZEIRWEIHNACHTSZEITWEIHNAC
```

Findest du die 10 „Weihnachtswörter", die hier versteckt sind?

Früchte-Knabberli

Das Rezept ergibt 40–50 Stück

Zutaten:

180 g gemischte Trockenfrüchte z. B. Pflaumen, Rosinen, Feigen, Aprikosen · 100 g gehackte Haselnüsse · 100 g gehackte Mandeln · 100 g Butter · 100 g Honig · 80 g Zuckerrübensirup · 1 abgeriebene Zitronenschale (unbehandelt) · 1/2 TL Zimt · 150 ml Mineralwasser · 200 g Weizenmehl Type 550 · 100 g kernige Haferflocken

So wird's gemacht:

Wir hacken die Trockenfrüchte mittelfein und mischen sie mit Haselnüssen und Mandeln. Dann schmelzen wir Butter in einem großen Topf, und verrühren sie mit Honig und Sirup und fügen Trockenfrüchte und Nüsse zu. Anschließend rühren wir nacheinander Zitronenschale, Zimt, Mineralwasser, Weizenmehl und Haferflocken unter und lassen den Teig 1–2 Stunden ruhen. Nun formen wir kirschgroße Kugeln, legen diese auf ein mit Backpapier ausgelegtes Backblech und drücken sie mit einer Gabel flach. Wir backen die Plätzchen 20 Minuten bei 180° O/U-Hitze (nicht vorheizen).

Marzipan-Kartoffeln

250 g sehr fein geriebene süße Mandeln · 250 g Puderzucker · 1 Fläschchen Bittermandel-Aroma · 5 Teelöffel Rosenöl oder Rosenwasser (aus der Apotheke) · Kakaopulver oder geriebene Kochschokolade

ZUBEREITUNG:

Die geriebenen Mandeln mit dem Puderzucker, Bittermandel-Aroma und Rosenöl in einem Topf vermischen. Mit einem Holzlöffel so lange bei schwacher Hitze rühren, bis sich die Masse vom Topfrand löst. Das Marzipan dann aus dem Topf nehmen und auf einem Brett etwas abkühlen lassen. Dann kleine Kugeln daraus formen und diese in Kakao oder geriebener Schokolade wälzen. Fertig!

ADVENTS-DOMINO

nach einer Idee von M. Stammler

BENÖTIGTES MATERIAL:
Stabiler farbiger Bastelkarton · Lineal · Papiermesser (Cutter) · Bleistift · Schere · Klebstoff · Bunt- und/oder Filzstifte, evtl. Wachsmalkreiden

Das Spiel kann aus 28 Karten (7 Motive), 36 Karten (8 Motive) oder 45 Karten (9 Motive) bestehen. Als Tischspiel sollten die Karten 3x6 cm oder 4x8 cm groß sein, als Bodenspiel 8x16 cm oder 10x20 cm.

1

2

3

4

5

Bei 28 Karten 7 Motive 8x, bei 36 Karten 8 Motive 9x, bei 45 Karten alle Motive 10x kopieren!

6

7

8

9

1/1	2/2	3/3	4/4	5/5	6/6	7/7	8/8	9/9
1/2	2/3	3/4	4/5	5/6	6/7	7/8	8/9	
1/3	2/4	3/5	4/6	5/7	6/8	7/9		
1/4	2/5	3/6	4/7	5/8	6/9			
1/5	2/6	3/7	4/8	5/9				
1/6	2/7	3/8	4/9					
1/7	2/8	3/9						
1/8	2/9							
1/9								

SO WIRD'S GEMACHT:

1. Die gewünschte Anzahl und Größe der Karten mit Bleistift auf den Bastelkarton aufzeichnen.
2. Den Karton mit Papiermesser und Lineal sorgfältig in gleichgroße Stücke zerschneiden.
3. Die kopierten Motive ausschneiden (Kopiervorlage ist passend für 3 x 6 cm Kartengröße, bei der Wahl von größeren Karten die Vorlagen beim Kopieren entsprechend vergrößern).
4. Die Motive nach dem nebenstehenden Schema paarweise zusammenstellen und auf die Karten kleben.
5. Die Karten mit Bunt- und Filzstiften farbig ausgestalten.
6. Gespielt wird nach den üblichen Domino-Regeln oder nach eigenen Spielregel-Varianten.

Eine Krippe aus Papier basteln —

das kannst DU auch! Als Material dienen Papierabfälle, Kartonreste und Schachteln. Nun brauchst du noch Bleistift, Schere, Kleber, Wasserfarben und Buntstifte. Wenn du die Zeichnungen genau betrachtest, siehst du schon, worauf es ankommt. Male zuerst die Figuren fertig und schneide sie dann erst aus!

BEISPIEL A: Auf die gleiche Weise wie Maria kannst du auch Josef und die Hirten, evtl. auch den Engel und die drei Könige basteln. **BEISPIEL B:** Die Tiere im Stall (Esel, Ochse, Schafe usw.) entstehen aus einem gefalteten Blatt Papier, die Falzlinie bildet den Rücken. Den Umriß aufmalen, beide Blätter gleichzeitig ausschneiden und dann farbig anmalen. **BEISPIEL C:** Sollen die Figuren wie die Tiere von beiden Seiten zu sehen sein, empfiehlt sich die Methode von Beispiel C. Dabei mußt du aber daran denken die Menschen auf der Rückseite von hinten zu malen. Der Stall entsteht aus einem bemalten Schuhkarton, den du ganz nach deinem Geschmack gestalten kannst.

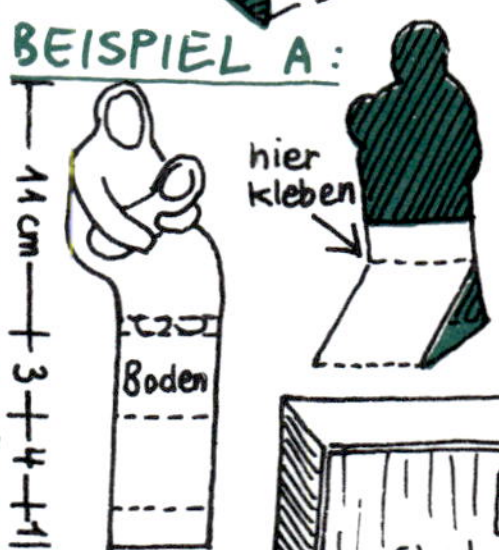

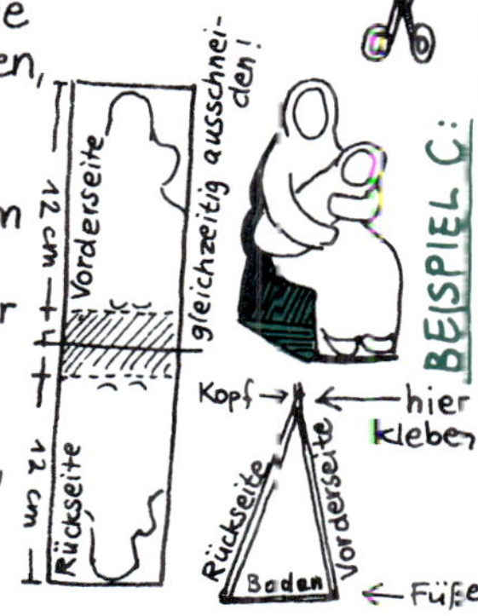

WEIHNACHTS STERNE

Du brauchst dazu einige Bögen farbiges Tonpapier, buntes Transparentpapier, etwas Kleber und eine kleine scharfe Schere (Nagelschere). Du schneidest das Tonpapier zu Quadraten und Kreisen, faltest sie 2-3 mal und schneidest Formen aus. Das kennst du sicher, also muß es nicht weiter erklärt werden. Nun kannst du die entstandenen Sterne je nach Verwendungszweck mit Bunt- oder Transparentpapier verschiedenfarbig hinterkleben. Mache unterschiedliche Größen!

DAS KANNST DU DAMIT MACHEN:

① auf eine Postkarte kleben und als Weihnachtsgruß an Freunde und Bekannte schicken
② ein Fenster schmücken (mit Tesafilm an die Scheibe kleben)
③ einzeln oder als Kette an den Weihnachtsbaum hängen
④ den Weihnachtstisch damit schmücken
⑤ als Anhänger für deine Weihnachtsgeschenke verwenden usw...

Bestimmt fällt dir noch mehr ein!

Weihnachtsteller – selbst gemacht

Gestaltungsbeispiele

Material:

- Suppenteller oder Schale
- Zeitungspapier (in 3–4 cm breite Streifen geschnitten)
- Schere
- Tapetenkleister (nach Packungsanweisung anrühren)
- mehrere Haar- und Borstenpinsel verschiedener Größe
- Deckfarben (z. B. Plaka) zum Bemalen oder Buntpapier zum Bekleben
- Klarlack

1 Ein alter Suppenteller oder eine flache Schale dienen als Formgeber.

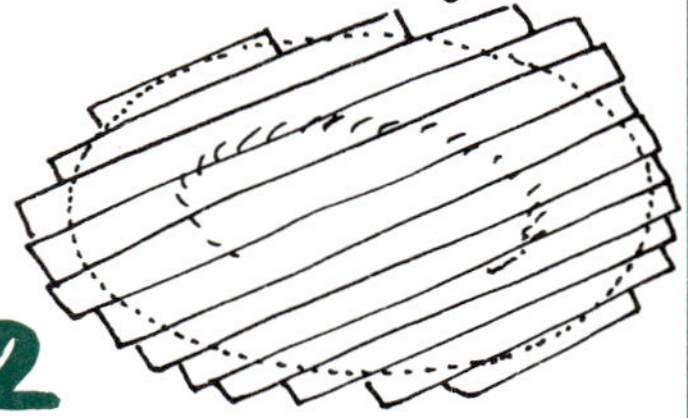

2 Die trockene Form nahtlos mit Papierstreifen auslegen.
WICHTIG: Die erste Papierschicht bleibt <u>ungeleimt</u>, damit sich der fertige Teller problemlos von der Form ablösen läßt.

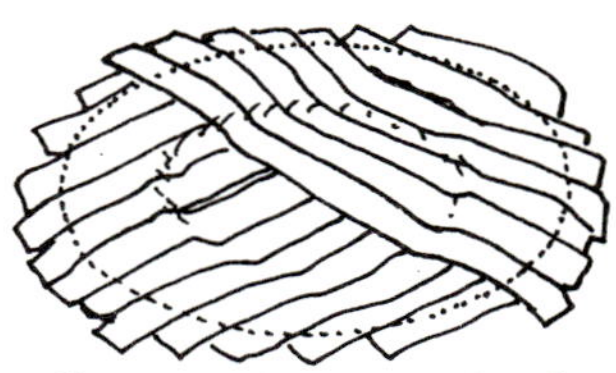

3 Die nächsten Papierstreifen mit Kleister bestreichen und überkreuz auf die erste Schicht auflegen.

4 12 – 15 weitere Papierschichten aufleimen und bei jeder Schicht die Richtung wechseln. Die letzte Schicht sollte aus weißem Papier (Zeitungsränder!) bestehen.

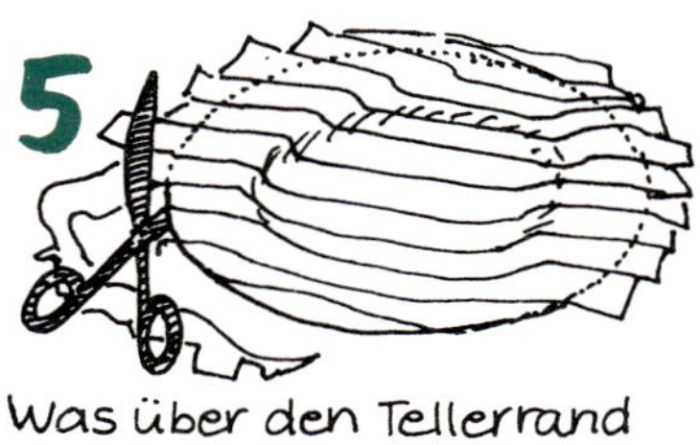

5 Was über den Tellerrand hinaushängt, mit der Schere vorsichtig abschneiden.

6 Die Papiermasse etwas antrocknen lassen, dann den Teller vorsichtig aus der Form lösen.

7 2 - 3 Tage dauert es, bis der Teller durchgetrocknet ist. Nicht zu nah an die Heizung stellen, sonst verzieht er sich!

8 Nun kann der Teller mit Deckfarben bemalt oder mit ausgeschnittenen Formen aus Buntpapier beklebt werden.

9 Wenn die Bemalung trocken ist, abschließend mit Klarlack einpinseln.

Falte einen Bogen kräftiges Papier in der Mitte und schneide ein Herz aus. Übertrage dieses Herz auf feste Pappe und schneide das ebenfalls aus. Schneide beim Papierherz ein Fensterchen in die Mitte: ⌶ Klebe nun auf das Pappherz ein Foto von dir, dann beide Herzen genau aufeinander. Wenn du die Kläppchen aufmachst, siehst du dein Bild. Bemale oder beklebe das Herz noch und VERSCHENKE es dann.

Schmuck für unseren Christbaum

Glitzer-Ketten

Material: Strohhalme oder bunte Plastik-Trinkhalme, Gold- und Silberfolie, Schere, Nadel und Faden

Die Trinkhalme mit der Schere in kurze, mittlere und lange Stücke und die Folie in kleine Kreise und Quadrate schneiden. Die Stücke abwechselnd auf den Faden ziehen (siehe Zeichnung): Z.B. rote Halmstücke mit Silberfolie kombinieren oder grüne Halmstücke mit Goldfolie oder …

Perlen-Ketten

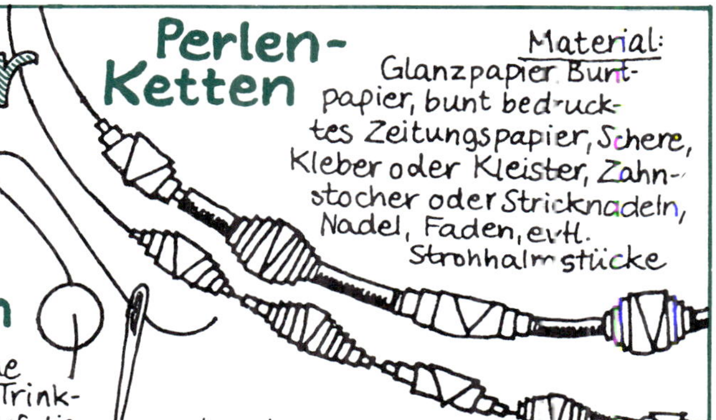

Material: Glanzpapier, Buntpapier, bunt bedrucktes Zeitungspapier, Schere, Kleber oder Kleister, Zahnstocher oder Stricknadeln, Nadel, Faden, evtl. Strohhalmstücke

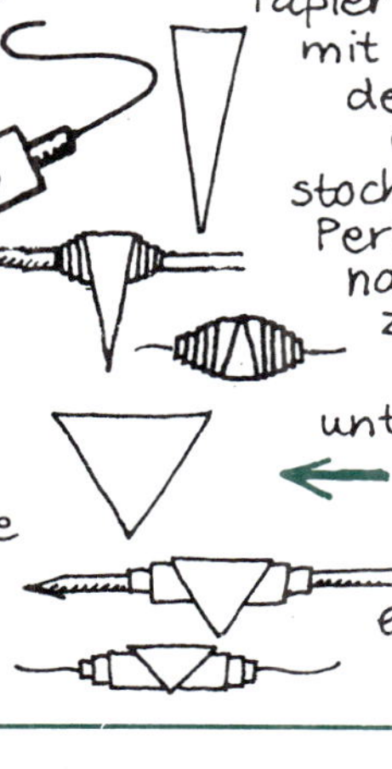

Aus dem Papier schmale Keile schneiden, mit Kleber bestreichen und um den Zahnstocher zur Perle aufrollen. Dann den Zahnstocher herausziehen und die Perle trocknen lassen. Je nach Breite und Länge des zugeschnittenen Papiers fällt die Form der Perlen unterschiedlich aus (siehe Zeichnungen). Nach dem Trocknen die Perlen zur Kette auffädeln, evtl. abwechselnd mit Strohhalmstücken.

Weihnachten

DAS ANGELSPIEL ist ein Spaß für Kinder und Erwachsene. Eine hübsch geschmückte Pappkiste ist der See, in dem kleine Geschenke und Papierröllchen mit Versen, Rätseln und Spielaufgaben versenkt werden. An der Angelschnur wird ein kleiner Haken aus Blumendraht befestigt. Die zu angelnden Gegenstände sollten große Schleifen tragen, damit sie auch gut

geangelt werden können. Der Reihe nach versuchen nun alle, etwas „zu fangen". Verse und Sprüche müssen laut vorgelesen, Spielaufgaben sofort erfüllt werden, z.B. fünf Kniebeugen machen, ein Lied singen, ein Tier nachahmen usw.

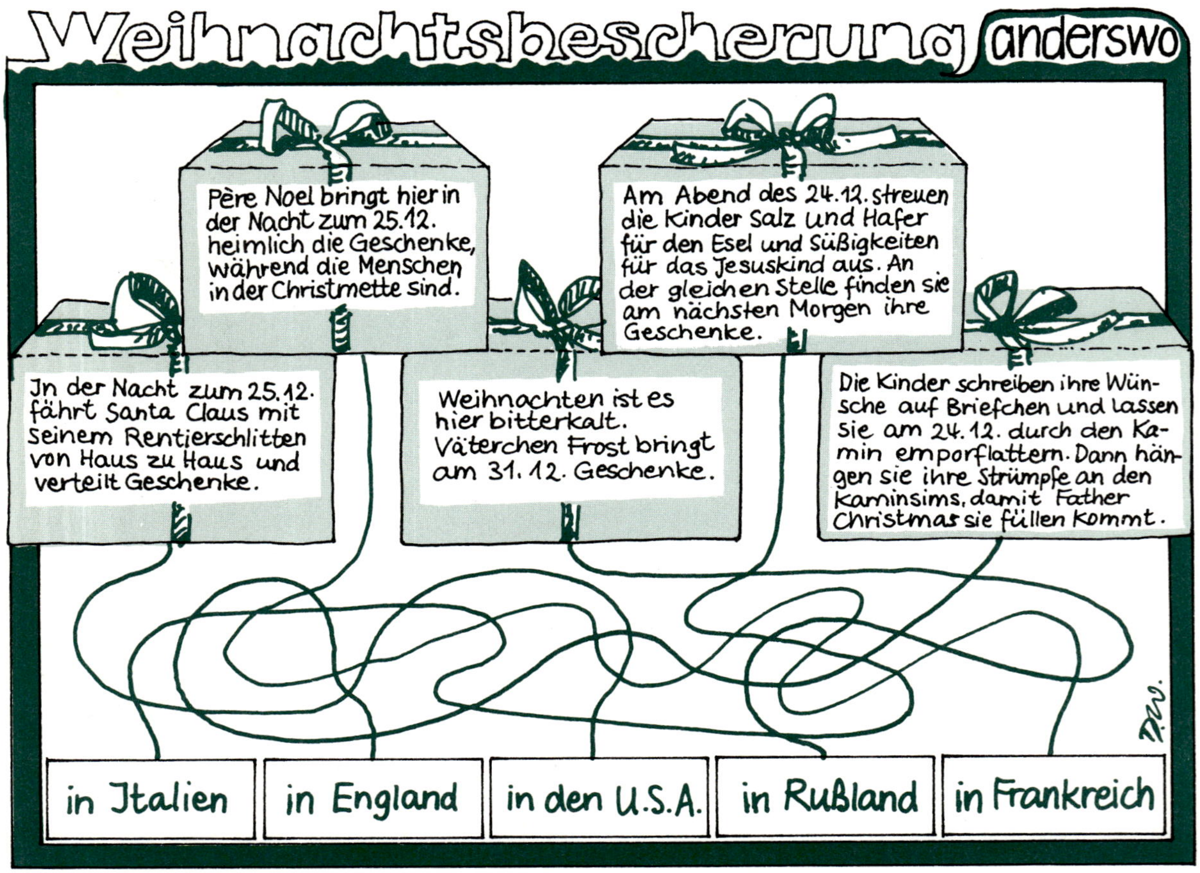

WILL KOMMEN
SPIEL FÜR ZWEI: Sucht euch zwei unterschiedliche Spielsteine und einen Würfel. Abwechselnd würfeln. Wer eine 1 hat, darf den Spielstein des Partners ins nächste Feld setzen. Wer kommt zuerst zur Tür?

Weihnachten

Wieviele fünfzackige Sterne fin-

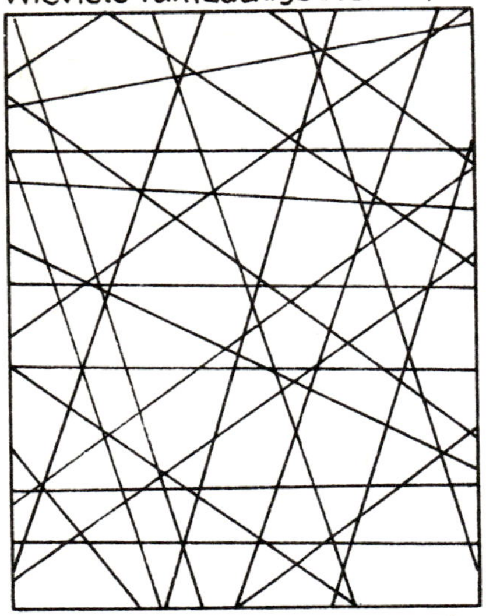

dest du? Male sie farbig an!

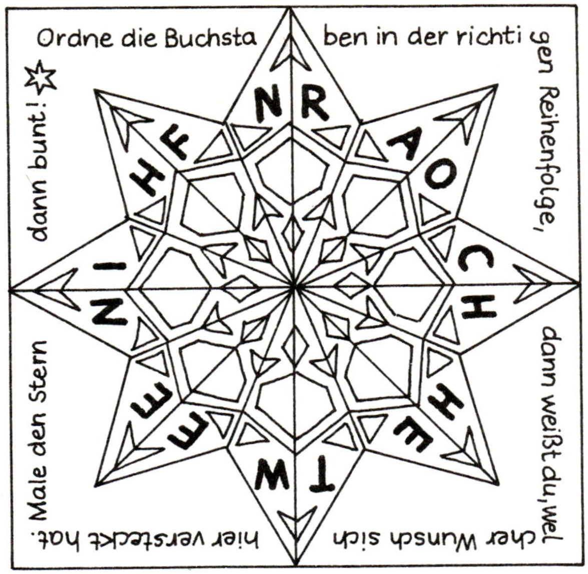

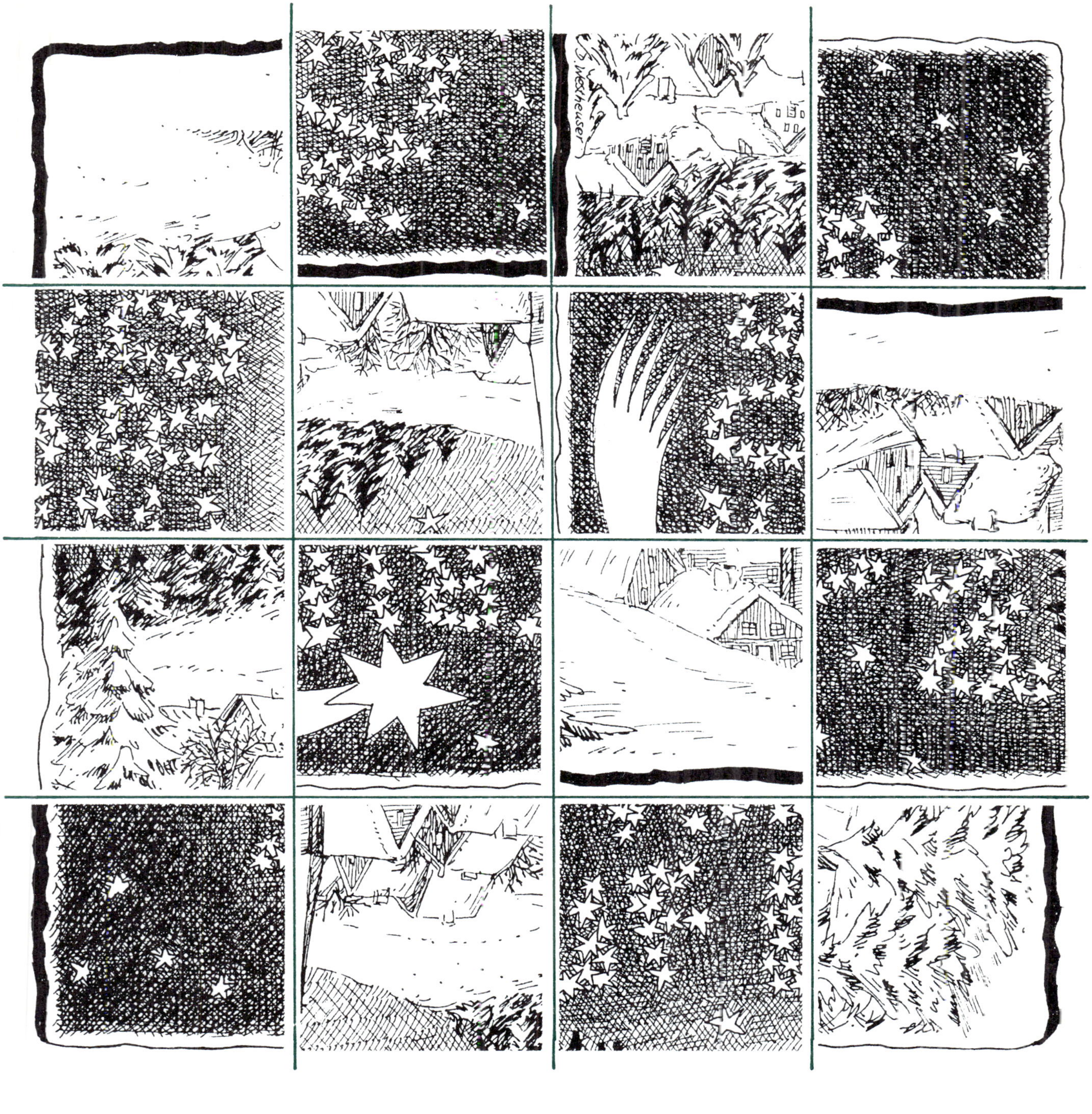

PUZZLE: Die Vorlage kopieren, die Kopie in 16 randlose Einzelteile zerschneiden, zum Bild ordnen und nahtlos auf einem DIN A4-Blatt aneinander kleben. Welche Weihnachtsbotschaft ist zu lesen? (Friede auf Erden)

Weihnachten

WIR BASTELN

Ein Häuschen, das helfen kann...

Das brauchst du dazu:
Karton (nicht zu dünn), Schere, Kleber, Messer, Lineal, Bleistift, Farben zum Bemalen

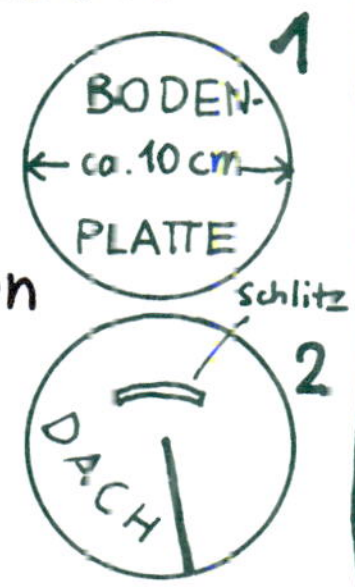

Übertrage das Schnittmuster auf den Karton und schneide die 3 Formen sorgfältig aus. Ritze die gestrichelten Linien mit dem Messer an und knicke die Klebelaschen um. Bemale nun die Hauswände und das Dach nach deinen Vorstellungen.

Klebe dann die Hauswand an der seitlichen Klebelasche zu einer Röhre zusammen. Schneide den Kreis für das Dach bis zur Mitte ein und verschiebe die Seiten, bis das Dach den passenden Kegel für die Röhre bildet. Klebe es so zusammen. Verklebe nun das Dach mit dem Hausteil, indem du die Laschen von innen an das Dach drückst und klebe das Häuschen auf die Bodenplatte.

Und wie kann das Häuschen helfen?
Sammle darin Geld für die hungernden Kinder dieser Welt. Den Inhalt des Häuschens kannst du ins Pfarramt bringen, dort weiß man, wo das Geld gebraucht wird. Schon 2 Mark am Tag reichen, damit ein Kind in den armen Ländern satt wird!

Brief von Frau Mechthild Uffmann und Frau Margot Bell aus Bochum (gekürzt):

Am Dreikönigstag sind in katholischen Gemeinden die Kinder als Sternsinger unterwegs, um für notleidende Kinder in aller Welt Spenden zu sammeln.
Warum können Kinder in evangelischen Gemeinden nicht auch daran teilnehmen? Die Aktion könnte z.B. im Kindergottesdienst vorbereitet werden. Bei den so unterstützten Projekten sollte es sich möglichst um Gemeinschaftsprojekte der evangelischen und der katholischen Kirche handeln. Denkbar wäre auch, daß in einem Jahr für ein Projekt der einen, im nächsten Jahr für ein Projekt der anderen Kirche gesammelt wird. Sicher wäre eine solche Gemeinschaftsaktion von katholischen und evangelischen Kindern ein positives Zeichen der Ökumene.

Quellenhinweise

Seite 7	**Der Mantel** nach *Roland Ross*	*Aus:* Georg Popp, »Die Großen der Kirche«, © by Arena Verlag GmbH, Würzburg (bearbeitet von Dietrich Steinwede).
Seite 8	**Das schönste Martinslicht** *Ursula Wölfel*	*Aus:* »Wunder Welt, 2. Schuljahr«, © Cornelsen Verlag, Berlin, 1968.
Seite 9	**Jakob wartet auf Weihnachten** *Lene Meyer-Skumanz*	*Aus:* »Das Kindernest«, © Verlag Kerle, Wien, 1995.
Seite 10	**Das Licht der Kerze** *Rolf Krenzer*	*Aus:* »Der Adventsbaum«, © Verlag Ernst Kaufmann, Lahr.
Seite 11	**Warten können** *Andreas Kleinschmidt*	© Autor.
Seite 12	**Der Engel mit dem Gipsarm** *Renate Schupp*	*Aus:* »Bald nun ist Weihnachtszeit«, hrsg. von Rosemarie Deßecker und Renate Schupp, ©Verlag Ernst Kaufmann, Lahr.
Seite 13	**Hans-Peters schönstes Weihnachtsgeschenk** *Mira Lobe*	© Autorin.
Seite 15	**Das Bild der tausend Wünsche** *Renate Schupp*	*Aus:* »Vorlesebuch Religion 3«, hrsg. von Dietrich Steinwede und Sabine Ruprecht, © im Gemeinschaftsverlag bei Ernst Kaufmann, Lahr/Vandenhoek & Ruprecht, Göttingen/Theologischer Verlag, Zürich.
Seite 17	**Weihnachtsgeschichten** *Sonja Matthes*	© Autorin.
Seite 18	**Als Juanita fort war** *Josef Reding*	*Aus:* »Kein Platz in kostbaren Krippen«, © Verlag Georg Bitter, Recklinghausen.
Seite 19	**Heiligabend** *Gina Ruck-Pauquèt*	© Autorin.
Seite 20	**Der Teppich aus Schiras** *Elfriede Becker*	*Aus:* »Vorlesebuch Religion 2, für Kinder von 7-13«, hrsg. von Dietrich Steinwede und Sabine Ruprecht, © im Gemeinschaftsverlag bei Ernst Kaufmann, Lahr/Vandenhoek & Ruprecht, Göttingen/Theologischer Verlag, Zürich.
Seite 21	**Arul** *Elfriede Becker*	*Aus:* »Sei uns willkommen schöner Stern«, hrsg. von Gertrud Mielitz, © Verlag Ernst Kaufmann, Lahr.
Seite 23	**Das Geschenk: Ein Weihnachtsrätsel** *Sonja Matthes*	*Aus:* »Das neue Buch vom Kirchenjahr«, hrsg. von Dietrich Steinwede, Patmos Verlag, Düsseldorf, © Autorin.
Seite 24	**Die drei Könige und ihre Knechte auf dem Heimweg** *Werner Reiser*	*Aus:* »Die drei Gaben. Neue Legenden und Parabeln«, © Friedrich Reinhardt Verlag, Basel/Berlin, 1984^2.
Seite 25	**Ein Stern geht auf** *Willi Fährmann*	© Autor.

Rätselauflösungen: S. 29: Adventskalender; S. 33: Laßt uns froh und munter sein; S. 34: Barbarazweige; S. 35: Adventszeit – Lichterzeit; S. 36: Dezember

Für freundlich erteilte Abdruckgenehmigungen danken wir allen Autorinnen, Autoren und Verlagen.